中国高等教育

投入效应与分担比例研究

陈叶玲◎著

西南财经大学出版社
中国·成都

图书在版编目(CIP)数据

中国高等教育投入效应与分担比例研究/陈叶玲著．—成都：西南财经大学出版社，2022.6
ISBN 978-7-5504-5365-4

Ⅰ.①中…　Ⅱ.①陈…　Ⅲ.①高等教育—教育投资—研究—中国
Ⅳ.①G649.2

中国版本图书馆 CIP 数据核字(2022)第 086151 号

中国高等教育投入效应与分担比例研究
ZHONGGUO GAODENG JIAOYU TOURU XIAOYING YU FENDAN BILI YANJIU
陈叶玲　著

责任编辑：李思嘉
责任校对：廖韧
封面设计：墨创文化
责任印制：朱曼丽

出版发行	西南财经大学出版社(四川省成都市光华村街 55 号)
网　　址	http://cbs.swufe.edu.cn
电子邮件	bookcj@swufe.edu.cn
邮政编码	610074
电　　话	028-87353785
照　　排	四川胜翔数码印务设计有限公司
印　　刷	成都市火炬印务有限公司
成品尺寸	170mm×240mm
印　　张	11
字　　数	229 千字
版　　次	2022 年 6 月第 1 版
印　　次	2022 年 6 月第 1 次印刷
书　　号	ISBN 978-7-5504-5365-4
定　　价	68.00 元

前言

过去几十年，我国经济增长贡献主要来自物质资本投入的扩大，但是，随着自然资源逐渐枯竭和成本迅速上升、人口增长率下降，资源成本提高、人口老龄化加剧，主要依靠物质资本投入增加和年轻人口就业数量扩张的低产出发展模式将走向终结。实施集约、内涵型的高质量发展模式，提升资源产出效率，关键在于借助教育特别是高等教育提高人力资本。

本书借鉴现有理论和文献，在分析我国高等教育投入演变基础上，对我国高等教育的人力资本效应和经济、社会发展效应进行了实证分析。其一，核算了我国高等教育形成的人力资本存量效应，发现1952—2008年，非高等教育投入形成的人力资本存量增长了300多倍，高等教育投入形成的人力资本存量增长了522倍。可是，高等教育所形成的人力资本实际存量远远低于理论存量，通过高等教育提升我国人力资本存在巨大的发展空间。其二，发现高等教育投入对经济增长和生产率提高具有强正向效应，但效应总量较低。劳均高等教育投入、高等教育劳动力比例等变量对劳均产出有强正向效应。但是，由于我国接受高等教育的劳动者所占比例较小，增加高等教育投入是挖掘人力资本潜力和实现经济、社会发展模式转型的必然选择。其三，在一般均衡下，影响政府财政对高等教育投入的因素有高等教育投入收益率、物质资本投资收益率、资源总量等；对高等教育私人投入的影响因素有私人期望偏好、投入收益率和价值折现率、物质资本投资收益率、投入成本和风险的变化等。我国高等教育财政投入所占比例逐年下降，增大了家庭高等教育投入的风险，除了提升高等教育运行效率外，还需要加大政府对高等教育投入的力度。其四，实证分析发现高等教育具有明显的社会效应，接受高等教育的人口比例提高，有利于促进社会和谐，降低社会治理成本，这与西奥多·舒尔茨、厉以宁等学者研究的结论相吻合。接受高等教育人数越多，科技进步速度越快。与发达国家相比，我国高等教育发展仍存在巨大的差距，说明我国高等教育投入增加具有很大必要性。

高等教育投入增加的可行性表现为：首先，我国政府具有增加高等教育投入的财力。近些年来，政府财政收入增长迅速。其次，我国居民高等教育购买力存在很大潜力。我国家庭普遍重视子女教育，而且自2006年以来，我国居民家庭收入增长较快，高等教育生均学杂费负担相对家庭收入来说有所下降。

本书研究发现我国高等教育投入格局存在两大困惑。一方面，高等教育投入收益时间具有滞后性，以及受高等教育的劳动者由经济落后地区向经济发达地区流动，对经济落后地区政府的高等教育投入产生反向性制约，地区间高等教育发展不均衡加剧。就是因为存在教育投入收益滞后和劳动力流动导致投入收益区域分割的矛盾。另一方面，高等教育接受者承受的风险及收入格局抑制了私人投入积极性。我国高等教育投入机制经过了多次变革，经历了精英教育时期国家负责全部经费→市场经济环境下双轨制经费投入→高等教育大众化和普及化时期国家负担相对减少，民众负担相对增加、风险上升。鉴于以上现实情况，高等教育经费分担问题应运而生，本书深入探讨了政府、私人及区际政府对高等教育投入的分担问题。

从分析中发现，自2000年起，我国政府财政对高等教育投入逐年减少，建议应至少保证达到理论分担比率标准，我国高等教育投入在政府财政和家庭两大主体之间分担比率为0.433∶0.567。由于知识更新加速和高等教育机会成本上升，预计未来高等教育需求量将增加，但伴随投入总量增长较快，财政投入经费需要大幅度提高。另外，为了高等教育持续、均衡发展，国家应统筹高等教育投入，在兼顾各地方政府高等教育投入积极性的基础上，缓解因为投入收益分割而造成区域间高等教育发展不均衡的状况。本书的创新点表现为以下几个方面：

第一，以成本收益理论为基础，从一般均衡视角建立模型分析了高等教育投入的影响因素。影响政府对高等教育投入的因素有投入收益率、物质资本投资收益率、资源总量等；影响私人对高等教育投入的因素有私人期望偏好、投入收益率和价值折现率、物质资本投资收益率和投入成本等。

第二，运用教育投入总量法和劳动力简化法，核算了高等教育对人力资本存量的效应，在高等教育人力资本存量基础上，分析了高等教育投入的经济效应和社会效应。

第三，从理论上分析了政府和家庭高等教育投入的分担比例，并收集数据从实证角度进行了详细的分析。基于局部均衡条件，核算了政府和家庭两大主体高等教育投入的分担比率。

陈叶玲

2022 年 1 月

目录

1 研究背景及文献综述

1.1 选题背景

“教育是一种自觉的、有目的的活动，是要引起受教育者的身心发生预期的变化，形成他们的个性，使他们成长为合乎社会需要的人。使受教育者在德、智、体等方面得到全面发展，成为有社会主义觉悟的、有文化的劳动者。”① 随着经济、社会发展，我国经济运行方式面临着从资源投入粗放扩张型向集约内涵型转变，经济、社会的持续发展由主要依靠物质资源投入增加逐渐转为主要依赖劳动力素质和人力资源质量的提高。

但是，随着我国人口增长减缓、医疗条件改善、老龄化率提高、劳动力数量增长放慢甚至出现负增长，经济可持续发展必须依靠人口素质和劳动力技能的提高；同时，社会稳定和治理也依赖于人口文化素质和道德修养的提升。“如果说物质资本是经济起飞的先决条件之一，那么，最终决定一个国家或地区经济发展成效的却是人力资本。”② 总之，实现经济增长方式转变、应对劳动力增长减慢和人口老龄化危机，不仅要求我国努力提升义务教育的质量；更要求在保持高等教育发展势头的基础上，实现教育结构调整和质量提升，增强我国经济、社会发展的创新能力，以保证各级教育特别是高等教育在经济、社会发展转型中发挥更大的作用。

---

① 毛泽东．关于正确处理人民内部矛盾的问题［M］//毛泽东．毛泽东著作选读：下册．北京：外文出版社，1990：780-781.

② 范先佐．教育经济学新编［M］．北京：人民教育出版社，2010：13.

1.2 选题的研究意义

之所以将中国高等教育投入和分担比例作为本书的研究对象①，主要基于以下现实和理论意义：

1.2.1 现实意义

第一，近几十年来，我国高等教育投入不断增加，但是，随着高等教育规模扩大，高等教育由曾经的精英式教育过渡为大众化阶段教育，现在正逐渐普及化，我国高等教育投入明显不足。不同区域、城乡之间高等教育投入存在巨大差异，本书通过分析我国高等教育投入整体状况和区域之间高等教育投入差异程度，为缩小区域高等教育投入差异提供政策参考。

第二，系统地研究政府和家庭对高等教育投入的影响因素和分担比例。在市场经济下，我国高等教育投入来源多元化，政府和家庭成为高等教育投入的主要供给者。本书通过探讨高等教育投入的影响因素，从理论上分析高等教育投入的主要供应者——政府和家庭的投入分担比例，为政府制定投入政策提供借鉴。

第三，探索我国高等教育投入对人力资本分布优化、就业结构和经济结构升级、收入分配格局优化、人均产值提高的效应，实现经济、社会发展目标，促进我国教育公平，提升高等教育投入的效率，促进高等教育稳定、均衡地发展。本书在人口、劳动力出现新特征的背景下，为实现我国未来人力资本战略，制定高等教育投入政策提供理论和实证依据。

1.2.2 理论意义

第一，本书运用模型分析了高等教育投入的影响因素。高等教育投入和产出是一项复杂的社会生产活动，本书分析了高等教育投入结构和总量变化，从理论上探讨了我国高等教育的私人投入、财政投入的影响因素。

第二，本书从理论和实证角度分析了我国高等教育投入的经济、社会效应。本书联系高等教育产出的多样性、滞后性，系统地总结和比较了高等教育

① 注：本书研究对象为我国大陆地区1949—2008年高等教育投入和发展状况。

投入—产出的衡量方法，运用教育理论和经济理论，从实证角度分析了高等教育投入的直接产出效应如教育水平及其人才分布，间接产出效应如经济发展、收入分配和社会效应，以及高等教育的收入分配格局效应。从理论上探究高等教育水平的提高与我国收入分配格局的关系，并进行实证分析检验，对我国包容性经济增长、和谐社会发展具有理论指导意义。

第三，本书核算了我国高等教育投入的人力资本增长量。高等教育不仅维持了人口现有文化水平，而且能随着科技进步，传播新的、先进的科学知识和技能，提高人口文化素质，将可能的劳动力转化为现实的、具有更高技能的劳动力，增强其创新意识和提升其创新能力，提高生产效率和增加社会财富。探索人力资本（高等教育水平）、物质资本对我国经济发展水平（人均国民生产总值）的影响规律，也是教育研究的重要理论课题。

第四，本书根据经济收益理论，运用模型分析了我国高等教育投入中政府与家庭的分担比例。这有利于在实践中确定我国高等教育中政府和家庭投入的分担比例，为政府制定高等教育投入政策提供参考。

1.3 基本思路与结构

1.3.1 研究思路

本书介绍了我国几十年来高等教育投入状况，在核算我国高等教育投入形成的人力资本效应、经济效应和社会效应时，发现我国高等教育投入存在较强的正向效应，贡献总量有待提高，因高等教育投入总存量过小，增加高等教育投入具有必要性，而国家财政收入和家庭收入的提高也使其具备可行性。

但是，我国高等教育投入中存在两大制约矛盾，即各地方政府面临高等教育投入收益分割以及国家和家庭投入分担比率问题。本书在总结我国高等教育投入规律的基础上，依据高等教育长远发展目标，对我国高等教育未来投入进行了预测。本书在局部均衡条件下，本着等量投资获取等量收益的逻辑，定量分析了高等教育投入在政府和家庭之间的分担比例，并提出理论分担比例的建议，可用来估算政府对高等教育投入责任。另外，为了高等教育持续、均衡发展，在兼顾各地方政府高等教育投入积极性的基础上，本书提出了国家应统筹高等教育投入，缓解投入收益分割造成区域间高等教育发展不均衡的建议。

研究的具体逻辑如图 1.1 所示。

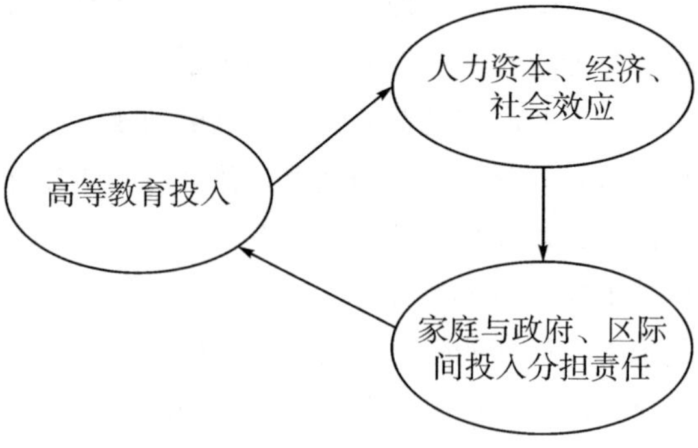

图 1.1　研究逻辑

1.3.2　结构安排

本书的结构安排如图 1.2 所示：第 1 章阐述了本书的研究背景，综述现有文献并进行评述。第 2 章介绍了研究中涉及的相关理论。第 3 章介绍了我国高等教育的投入状况，发现我国高等教育投入总量增长比较迅速，但是政府投入生均经费、生均资源在波动中急剧下降。第 4 章从一般均衡角度，运用理论模型分析了高等教育投入的影响因素，发现高等教育投入的收益率、物质资本投资收益率、资源总量等因素影响政府高等教育投入，高等教育期望偏好、高等教育投入收益率和价值折现率、物质资本投资收益率和高等教育投入成本变化等影响高等教育的私人投入。提高高等教育质量、效率和增加政府投入是降低私人投入风险的必要措施。第 5 章运用投入总量法和劳动力简化法核算了高等教育形成的人力资本，发现相对于非高等教育而言，高等教育形成的人力资本增长虽然很快，但其实际总量远远低于理论总量，高等教育发展存在巨大的空间。第 6 章利用第 5 章所得高等教育形成的人力资本数据，借用经济模型分析了高等教育投入的经济效应，发现高等教育投入的经济效应强度虽然较高，即高等教育投入效率较高，但是，我国高等教育投入存量总量较小，其形成的贡献总量仍然较小，需要进一步增加高等教育投入。第 7 章根据我国高等教育长远规划，对未来高等教育投入总量进行了预测，分析了我国高等教育投入在政府和家庭之间、区际政府之间的分担格局，并提出了建议。

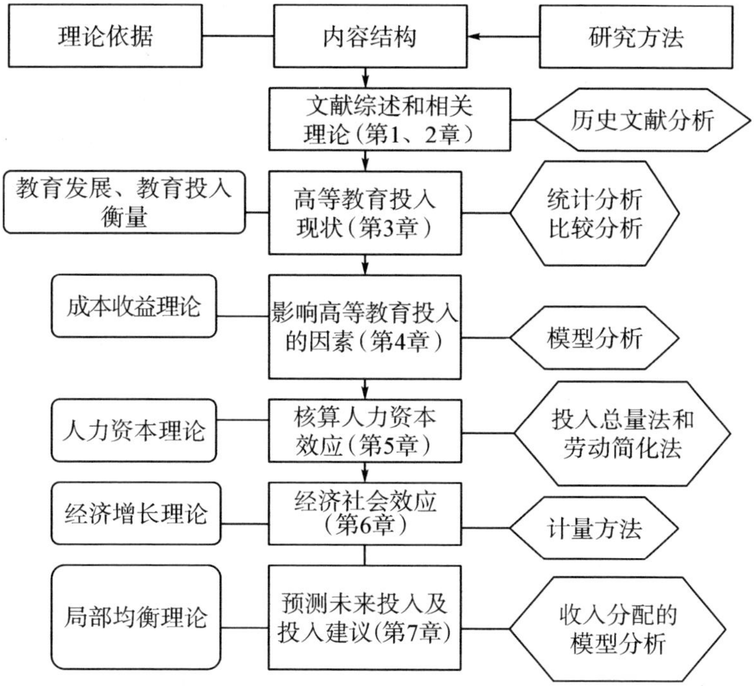

图 1.2　研究结构

1.4　现有文献综述

现有文献对高等教育投入及其效应的研究主要集中在高等教育投入类型、投入的衡量方法、影响因素和机制演变、高等教育投入的经济效应和社会效应等几个方面。

1.4.1　关于高等教育投入及分类的研究

教育投入是一个国家或社会每年投入到整个教育领域的经费的总和①。相应地，高等教育投入是指在一定时期内，某一国家或地区在高等教育领域投入的总和。根据教育投入的主体、投入形态、教育层次、区域差异，可以对投入来源结构、投入领域结构和投入区域结构进行分类分析。

---

① 孙进. 德国教育投入的规模、结构及特点 [J]. 比较教育研究，2009 (5)：25-29.

从投入形态来看，可以把高等教育的投入归纳为对人力、物力和财力三大资源的投入。人力资源因素主要包括在校学生数、班级人数、招生数、毕业生数、行政人员数、教学辅助人员数、工勤人员数、生产人员数及他们的知识结构、年龄结构、能力结构、比例结构等；物力资源因素由学校的固定资产和材料等低值易耗品构成；财力资源因素是每年直接投资于教育教学、教育科研、基建等的经费，高等教育投入的财力资源一般由用于个人消费的部分和用于公共消费的部分构成①。也有学者认为教育投入包括费用投入、人力投入、时间投入、物质投入等，如任保奎和关冠军（2008）在研究高等教育投入产出效率时，根据高等教育投入的多样性，选取了高级科研人员、一般科研人员、其他人员、人员费用、业务费用、固定资产购置费用、机构数量、科研立项数、主办国际会议数九个变量来反映高校投入②。

根据教育投入的主体不同，教育投入可以分为政府投入、家庭投入和其他社会组织投入。在我国，政府和家庭是两大主要投入主体。其中，政府投入又可细分为中央财政投入和地方政府财政投入。

从价值角度来看，我国当前的教育投入逐渐实现了投入机制多样化，除了政府投入外，还有各地教育税费，学校杂费，校办企业、勤工俭学和社会服务收入，社会捐集资等教育投入。可以从投入的绝对额度和相对额度（如增长速度）等来描述教育投入状况。

从投入的教育层次来看，教育投入可分为初等教育投入、中等教育投入和高等教育投入，并且在分析不同教育层次投入时，可以比较区域间投入的水平差异。

1.4.2 关于高等教育投入衡量的研究

国际上，一般用公共教育经费占国民生产总值的比例来衡量政府对教育投入的努力程度，用生均公共教育经费和生均公共教育经费占人均年收入的比例两项指标来衡量“教育投入的公共努力”（public effort to fund education）③。按照国际标准计算，我国实际财政教育投入强度在国际上仍然处于较低水平。国际比较得出，如能落实不断重申的对教育的重视政策以及提高财政质量，我国

---

① 许长青. 我国高等教育投入产出主成分分析：1995—2006 [J]. 现代教育科学，2009 (2)：25-33.

② 任保奎，关冠军. 北京与部分省市高等教育投入：产出效率比较研究 [J]. 北京工业大学学报（哲学社会科学版），2008 (2)：77-80.

③ 陈静漪. 我国政府教育投入努力程度的考察与反思 [J]. 当代教育科学，2006 (6)：25-28.

当前的财政总量完全有能力实现公共教育经费达到 GDP 或 GNP 的 4% 的目标①。

在研究政府教育投入努力程度时，刘泽云（2003）选取了“两个比例”“三个增长”五个指标，即国家财政性教育经费占国民生产总值的比例和预算内教育投入（包括城市教育费附加）占财政支出的比例，以及预算内教育经费拨款（不含城市教育费附加）增长速度高于财政收入增长速度、生均预算内教育事业费逐年增长和生均预算内公用经费逐年增长②。

鉴于我国教育经费来源主体、税收途径多元性，沈百福（2003）选取了财政性教育经费占国民生产总值的比例、预算内教育经费占财政支出的比例、预算内教育经费占教育总经费的比例、政府征收城市和农村教育费附加与应收比例（税费改革前）四个指标来衡量政府教育投入的努力程度③。随后，沈百福（2004）比较分析了我国城乡之间消费水平、教育生均公共经费、生均预算内经费和生均教育经费的差异④。在分析区域教育投入的力度时，有的学者选取了区域比例指标与全国同类指标的相对比率，如计算财政支出占 GDP 比重、区域 GDP 占全国 GDP 比重、教育总经费占全国比重与区域 GDP 占全国比重的差率，预算内教育经费占财政支出比例与全国范围内该类指标值的比率⑤。这样可以反映一地区在教育投入上相对于全国平均水平来说的力度大小。

经过系统研究，李亚勍和沈百福（2009）将我国教育经费总投入分为如下几个方面：财政性教育经费、社会团体和公民个人办学经费、社会捐资和集资办学经费、学费和杂费、其他教育经费。其中财政性教育经费包括预算内教育经费、教育税费、企业办学经费、勤工俭学和校办企业用于教育的经费。并且运用相关比例来分析教育投入的力度和生均获取的经费变化。采用生均经费占人均 GDP 的百分比来衡量人均创造的财富有多少用于教育，从而考察每个学生获得的教育资源有多少。从预算内教育经费占普通高中教育总经费比例、预算内教育经费占地区财政支出比例的角度探讨政府投入；从学费占普通高中教育总经费的比例、生均学费占城市居民可支配收入的比例、生均学费占农村

① 喻恺. 我国财政对教育的投入能力分析［J］. 教育研究，2009（4）：30-35.

② 刘泽云. “九五”期间我国政府对教育投入努力程度的实证分析［J］. 高等教育研究，2003（2）：61-65.

③ 沈百福. 地方教育投资研究［M］. 北京：北京师范大学出版社，2003：200-240.

④ 沈百福. 义务教育投入的城乡差异分析［J］. 教育科学，2004（6）：23-26.

⑤ 郭为. 广东教育投入的指标分析［J］. 广东经济，2004（3）：51-53.

居民平均纯收入的比例的角度分析居民的负担；从生均经费指数的角度考察每个学生获得的教育资源①。

1.4.3 关于高等教育投入效应的影响因素研究

一国人均教育经费的多少受该国的经济发展水平（人均国民收入）、社会制度、经济结构（人均基本消费）和产业结构（如果一国采掘或初级产品产业迅速增长导致经济某种程度畸形化、单一化，即使国民生产总值和人均收入很高，教育经费在国民收入中的比例也不一定能反映教育与经济之间的关系）、不同时期生产的技术进步等因素影响。随着技术进步，经济发展需要大量的各种专业人才、熟练和半熟练的劳动力。培养一个专业人才所需要的投资将越来越大，因为需要价值更大的教学设施和工具；培养一个合格的教师的投资更大，因而，经济对教育的要求就会更高，对教育的投资就会更大。无论是从纵向还是区域横向比较（longitudinal data, cross-sectional data or horizontal data），人均教育经费均出现递增的规律。经济发展为教育发展提供了可能性和支撑条件，但教育发展是否具有必要性呢？知识增长和技术进步是教育经费增长的必要条件。

当然，教育投入受到多种因素的影响，既有教育内部效率、管理绩效因素，也有教育系统外部如经济发展水平、民众教育需求量等因素。唐佳（2006）研究发现教育经费分配不合理、地区经济发展水平差异较大、教育系统人员臃肿、教育经费使用效益不高四个方面的问题是造成教育投入不足的主要原因②。在研究高等教育成本时，Bowen（1980）认为高等教育费用的决定因素分为两大类：一是社会全体相关力量，即社会因素决定着教育费用的长期变化，与教育有关的各种集团如家庭、政府、捐赠人等，乐意为大学教育付出资金数量的总体意愿，决定着教育费用总量，教育所获得的边际收益（需求曲线）、教育供给的边际成本的平衡决定着教育支出量；另外，大学自主决定方面，各大学在费用决定方面有一定的自由度，如选拔学生、课程实施、服务质量、数量确定、开发新的需要等，其在分析短期教育费用上比较有效③。

---

① 李亚勍，沈百福. 公办普通高中教育投入的地区差异分析［J］. 教育科学，2009，25（6）：16-20.

② 唐佳. 简论影响教育投入的人口和经济因素［J］. 市场与人口分析，2006，12（2）：58-62.

③ BOWEN H R. The costs of higher education: How much do colleges and universities spend per student and how much should they spend?［M］. New York: Natl Book Network, 1980: 1-287.

1.4.4 关于高等教育投入机制及其演变的研究

许多学者研究了我国高等教育的投入水平和投入机制。石钧（2008）通过分析《中国教育经费统计年鉴》（1994—2003 年）数据，得出：1950—2002 年，我国普通高校政府投入累计达到 5 028.21 亿元，年增长率为 11.96%，比我国同期国内生产总值年增长率 10.55%高 1.41 个百分点①。我国用有限的教育经费支撑了大规模的教育，正如联合国教科文组织于 1991 年发表的《世界教育报告》中所指出的，我国用占世界 1.18% 的教育经费培养了占世界 18.45%的学生。从高等教育社会筹资力度来看，我国非财政性筹资制度尚不健全。2001 年，我国非财政教育投入占高等教育经费的比例为 46.62%，分别比美国、日本、韩国低 7、12 和 37 个百分点；虽然投入不足是我国高等教育发展的一大障碍，但现实中也存在一些对高等教育投入资金严重浪费及利用效率低的现象。因此，相关部门需要加强对高等教育投资的合理管理和控制，并组建专门机构对高等教育投资的使用进行定期评估，优化高等教育投资结构，促使有限的资金发挥出更大的作用，促进高等教育健康发展②。

在人均收入低的事实面前，近些年来，我国高等教育的学费显得过高。根据浙江大学 2007 年的调查，要培养一个本科生每年直接成本大约为 2 万~3 万元。而我国 2007 年人均可支配收入仅为 8 584 元，到 2021 年农村居民可支配收入仅 18 931 元。我国高等教育投入经历了这样一个过程：从 20 世纪 90 年代以前完全由政府包办高等教育，到 1998 年实行收费制后的由学生个人负担一部分，虽然其占比在整个教育经费体制中不是很大，但这已超出了我国居民的负担水平，尤其是对于为数不少的贫困生③。

有的学者分析了我国各种教育经费来源的关系。邹俊伟等（2010）从几个侧面来分析地方政府教育财政政策现状，包括地方财政性教育经费占 GDP 比重、预算内教育经费占 GDP 比重，以及预算内教育经费增长速度与财政收入增长速度之间的对比。转移支付的一大功能就是实现财政均等化，财政转移支付主要包括税收返还、一般性转移支付和特殊转移支付三个部分。邹俊伟等（2010）选取了国家财政性教育经费、转移支付总额、财政支出、GDP 值、非农人口数、人口密度、第三产业产值及交通运输邮电通信业增加值等指标，研

---

① 石钧. 当前中国高等教育投入机制的分析与思考［J］. 高教研究，2008（1）：25-28.

② 毛建军，高杰. 国内外高等教育投入比较研究［J］. 商业时代，2010（18）：91-93.

③ 雷家彬，张建国，候志军. 高等教育投入不足的原因分析与对策［J］. 理工高教研究，2006，25（2）：39-42.

究发现：中央政府财政转移支付和财政分权制度对地方政府的教育投入努力产生负向效应①。

随着我国经济体制改革，社会发展对高等教育的需求迅速增加，传统的高等教育投入模式面临着经费严重不足的困境。1989 年，我国教育经济学界的专家提出在非义务教育阶段建立经常性成本由政府、社会与学生家庭共同分担的机制的建议，此建议后来逐渐被政府采纳并形成决策，成为全社会的共识②。1995 年 9 月，全国人大正式颁布了《中华人民共和国教育法》，提出要在中国逐步建立起以国家财政拨款为主，辅之以征收用于教育的税费、校办产业收入、社会捐集资和设立教育基金等多渠道筹措教育经费的新体制。中国高等教育财政的改革，已取得相当大的成效，但仍存在不容忽视的问题：财政压力巨大，高等教育经费不足；高等教育经费的主渠道薄弱，结构不合理；财政性教育经费事权、财权不统一；高等教育拨款依据和收费标准不合理，不科学；对多元化筹措教育资金的政策扶持力度不够③。遵照高等教育投入的效率、公平和公开等基本原则，并结合世界高等教育投入发展趋势和有益经验，中国高等教育拨款模式的改革方向是加强绩效评价与拨款的结合，增强拨款科学性和透明度，促进公平与效率，鼓励创新与进步，减少盲目性和固化因素，使有限的资源发挥出更好的效益。

有的学者归纳了我国高等教育的投入形式，对国际高等教育投入模式进行了深入、系统的研究。王蓉（2008）认为我国教育拨款方式有基数加发展型、投入要素型、投入产出型、简单产出型。建议按照大学的功能即人才培养、科研和社会服务，设计财政拨款机制，对高校进行分类支持；完善高校基础研究的财政支持机制，实施综合性的为核心产业服务的专业和学科发展计划。根据投入分担特点，世界各国高等教育分为三种主要投入模式：国家投入较低、私人投入较高，如日韩；国家投入较高，私人投入较低，如法国等；国家投入较高，私人投入也较高，如美国。我国高等教育投入的方式在不同历史时期，因为经济体制、教育发展变化由最初的接近欧洲模式向美国模式演变④。

Ann E. Flanagan（2001）研究了教育生产的规模经济、范围经济和主要产

---

① 邹俊伟，杨中全，段谋娟. 财政分权、转移支付与地方政府教育投入努力［J］. 中央财经大学学报，2010（1）：12-16.

② 华成刚. 1949 年以来我国普通高等教育经费投入情况分析［J］. 教育发展研究，2003（8）：40-44.

③ 王伟同，张妍彦，陈艳利. 推进中国高等教育财政改革战略选择［J］. 经济研究参考，2004（60）：39-48.

④ 王蓉. 我国高等教育的投入模式与改革［J］. 教育发展研究，2008（7）：10-14.

出及次要产出的成本弹性，生产处于非集中制环境下，教育投入效率较高；官僚化机制导致公共教育投入效率较低，可以从体制层面、组织层面和市场层面对公共教育供给进行分散决策①。Shi Qiuheng 和 Wang Delin（2004）研究发现在中国高等教育从精英模式向大众化模式转变的过程中，高等教育公平和效率的矛盾表现了出来。在政府调控和市场机制调节的冲突中，如何协调高等教育的公平和效率，其最佳模式是政府机制和市场机制统一，实现机制互补②。

Martin Trow（1972）认为在高等教育从精英教育向大众化、普及化教育转变的过程中，会产生许多新的问题，对教师、学生和学校管理等造成冲击③。B. Dan Wood 和 Nick A. Theobald（2003）运用福利理论，通过数据、变量分析和理论评价模型研究，发现美国各州在教育公共财政的平等上的重视程度存在差异，讨论了民主理论的意义和教育改革的前景④。在高等教育由精英模式向大众化、普及化模式的转变过程中，会产生公平、效率问题（Nico Cloete et al.，2005）⑤。

1.4.5 关于教育投入人力资本效应的研究

教育投入具有多种深远的效应。20 世纪 60 年代，美国经济学家舒尔茨和贝克尔创立人力资本理论，奠定了教育投资的理论基础，引发了中外学者对人力资本和教育作用的广泛研究。相对于实际生产活动和最终产品来说，教育投入具有明显的生产辅助功能，首先表现为向受教育对象传授知识和培训技能，培养达到具有一定质量和标准的熟练劳动力，受教育者知识、技能的增长量及熟练劳动力的数量为教育投入的直接产出，也有将学校传授知识技能的产出作为直接产出，其效率为内部效率。其次，是教育投入的间接效应，是指社会公民教育水平的提高对个体收入、社会经济增长和收益造成的影响，以及公民教育水平的提高可减少社会发展成本、促进社会高质量发展所带来的收益，这种

① FLANAGAN A E. An analysis of cost structure of public education in the Commonwealth of Kentucky: A study of decentralized provision of education and efficiency of school districts [M]. Washington: The George Washington University, 2001.

② SHI Q H, WANG D L. Credit: A new perspective for solving the contradiction between equity and efficiency in higher education [J]. Chinese education and society, 2004, 37 (1): 72-88.

③ TROW M. Problems in the transition from elite to mass higher education [J]. The international review of education, 1972 (2): 1-57.

④ WOOD B D, THEOBALD N A. Political responsiveness and equity in public education finance [J]. The journal of politics, 2003, 65 (3): 718-738.

⑤ CLOETE N, MOJA T. Transformation tensions in higher education: equity efficiency and development [J]. Social research: An international quarterly, 2005, 72 (3): 693-722.

产出为教育投入的间接产出，体现教育投入的直接产出在经济、社会发展中的作用，称为外部效率。

教育投资的直接效应，即直接产出表现为一定的教育支出为社会培养的达到一定熟练程度的劳动者人数：采用假设劳动者的“能力工资”标准，把具备各种知识和达到技能标准的劳动者按“能力工资”折算为一定的货币值①。在分析教育投入的效率时，借助“能力工资”，运用新增加的各类劳动者“能力工资”总额/教育支出总额，或者运用各级各类学校在校生知识和技能“标准分”总量增量/教育支出总额计算平均单位投入的产出。这种“能力工资”或知识和技能“标准分”显然具有一定的主观性，而且不同学校或个体之间比较难度很大，但借助这些工具，有利于对学校和个体进行分析。初等教育的产出效率，也可借助培养的毕业学生数量与投入的费用或者其他投入的比率来说明。有的学者建立了教育投入产出表分析教育生产问题，蒋萍（1991）分析了1985—1986年我国各级教育的学生投入产出关系，并建立了流入流出表，通过流入流出表分析了各级教育的学生在校时间和升学概率②。

对于高等教育而言，教育投入的直接产出具有多样性。教师不仅教育和培养了学生，而且还进行了科学研究和为社会服务等。当教育成果呈现多样化时，通常通过一定方式对各种成果赋予合理的权数，加权计算成一个综合指标来表示成果。任保奎和关冠军（2008）根据教育部科学技术司所编的《2005年高等学校科技统计资料汇编》，选取著作（部数）、著作（字数）、学术论文（篇）、国家级项目验收（项）、专利授权数（项）、专利出售收入（万元）六个变量来描述产出，并运用主成分分析法对高等教育投入和产出进行综合化处理，研究投入对产出的影响③。曲虹和高伟涛（2009）运用包络分析法研究了一些高校研究生教育的投入产出④。

国外教育行政管理部门或教育评价机构通过对学生进行考试和技能测试，来评价教育投入与这些知识掌握和技能培训之间的关系。泰国教育评价部门从学生成绩和教师质量两个方面考察了学校教育投入的质量。其中学生成绩（the achievements of students）由课程与教学发展部评价的不同年级的学生各学

---

① 厉以宁. 论智力投资的宏观经济效果［J］. 中国社会科学，1981（4）：47-62.

② 蒋萍. 教育投入产出（流入流出）核算分析［J］. 财经问题研究，1991（3）：56-58.

③ 任保奎，关冠军. 北京与部分省市高等教育投入-产出效率比较研究［J］. 北京工业大学学报（哲学社会科学版），2008（2）：77-80.

④ 曲虹，高伟涛. 数据包络分析方法在研究生教育投入产出效率评价中的应用［J］. 北京理工大学学报（社会科学版），2009，11（6）：26-29.

科能力考试的成绩平均分布状况来表示，不同年级的评价学科、内容和方法有所不同。教师质量（the qualifications of teaching staffs）主要以不同学历层级的教师比例、教师—班级比率（teacher-classroom ratio）来表示。内部效率（internal efficiency）从师—生比（teacher-students ratio）、留级率（retention rates）和辍学率（dropout rates）等指标，反映不同教育层级的这几个指标的状况及变化。

Solomon W. Polachek 等（1978）利用固定不完全弹性生产函数，发现家庭投入、学生的精力和时间投入是学生成绩的重要决定因素①。Rob Greenwald 等（1996）构造教育生产函数，运用多元分析法估计教育投入与学生成绩的关系，研究发现投入资源与学生成绩呈正向关系，教育投入的适度上升对学生成绩具有促进作用②。Hanushek（1997）运用生产函数研究了在校教师和学校投入的质量、总量对学生成绩的正向效应③。可见，办学条件较好的地区和学校，其学生的知识较为扎实，为以后的学习和就业奠定了坚实的基础。

Behrman 等（1997）④ 在研究巴基斯坦教育、Case 和 Deaton（1999）⑤ 在研究南非教育时发现，教育程度较高的家长，其孩子在学校的学习能力相对高些；Glewwe 和 Jacoby（1994）⑥ 在研究加纳、Brown（2006）⑦ 在研究中国甘肃省教育时发现，在家庭中，母亲的教育水平对孩子的阅读能力和测试成绩影响很大，相对于父亲，母亲对孩子的教育投入力度、对不同性别孩子教育投入的公平度更高；促进女孩的教育水平提高，有利于全民教育水平的整体上升。

1.4.6 关于教育投入的经济和社会效应的研究

教育投入的经济、社会效应，其实就是培养具有一定知识、技能的受教育

---

① POLACHEK S W, KNIESNER T J, HARWOOD H J. Educational production functions [J]. Journal of educational and behavioral statistics, 1978, 3 (3): 209-231.

② GREENWALD R, HEDGES L V, LAINE R D. The effect of school resources on student achievement [J]. Review of educational research, 1996, 66 (3): 361-396.

③ ERIC H. Assessing the effects of school resources on student performance: an update [J]. Educational evaluation and policy analysis, 1997, 19 (2): 141-164.

④ BEHRMAN J R, KHAN S, ROSS D, et al. School quality and cognitive achievement production: a case study for rural Pakistan [J]. Economics of Education Review, 1997, 16, (2): 127-142.

⑤ ANNE C, DEATON A. School inputs and educational outcomes in South Africa [J]. Quarterly journal of economics, 1999, 114 (3): 1047-1087.

⑥ PAUL G, JACOBY H. Student achievement and schooling choice in low income countries: evidence from Ghana [J]. Journal of Human Resources, 1994, 29 (3): 841-864.

⑦ BROWN P H. Parental education and investment in children's human capital in rural china [M]. Chicago: The University of Chicago Press, 2006: 759-790.

者参与经济、社会活动所产生的作用增加值，也就是教育直接产出的社会化影响，即教育投入的外部效率。一般情况下，将教育投入的外部效率分为经济效应和社会发展效应两个方面。

教育作为一种潜在的间接生产力，本身并不创造收入，教育在经济中促进收入增长的作用是通过它所培养的劳动者在物质生产领域内的活动而表现出的、相对于未受教育者或少受教育者来说所增加的产出值，其发挥作用的具体形式是培养人才和传播知识、经验。

关于教育在经济增长中的作用，厉以宁（1982）归纳为五个方面：向社会提供一支能在科学上有发现、发明，在生产技术上有创新、变革的科学研究和设计队伍；向社会提供一支能掌握和运用先进生产方法的技术队伍；向社会提供一支适应于工业化水平的生产和技术管理的队伍；提高全社会的科学文化水平，为新产品的推广使用，为先进科学技术知识的普及和提高准备条件，同时也为今后技术力量的成长提供坚实的基础，为源源不断的高质量的科研人员、工程技术人员、管理人员和熟练工人的供给提供保障；保存和传播社会积累起来的科学知识和生产经验，这种传播可以不受国界的限制，也不受时间的限制①②。

其一，关于教育的经济效应的研究。教育投入的经济效应可以分为受教育者个体的微观经济效应和国家或地区的宏观经济效应。前者是指教育对个体或家庭的经济收入增加、减少失业产生的影响，后者则指作为生产要素之一的劳动者文化素质、教育水平的提高，对整体经济效益和国家税收收入增加产生的影响。促进教育发展可以提高受教育者的就业转换能力和知识、技能更新速度，适应经济发展导致的产业升级和技能提高的需要。根据时代需要调整学校教授的知识和专业结构，可以较好解决经济发展过程中的结构性失业；教育投资是发展知识密集型产业的前提，可以促进产业升级和经济结构调整，知识密集型产业发展和产品出口是改善我国国际收支的战略性措施；教育投资可以提高广大职工的经济收入和经济效率③。

经济发展的内涵包括经济实力的增长、经济效率的提升、经济制度的完善以及人的价值和人的自尊的提升。其中，经济制度为经济进步提供稳定和谐的社会氛围和规范保障，能够促进经济与社会的整体协调发展，包括推进平等、

---

① 厉以宁. 论智力投资的宏观经济效果［J］. 中国社会科学，1981（4）：47-62.

② 厉以宁. 论教育在经济增长中的作用［J］. 中国社会科学，1982（2）：29-44.

③ 厉以宁. 论教育在经济增长中的作用［J］. 中国社会科学，1982（2）：29-44.

缩小收入差距、减少贫穷、增加就业机会和教育机会、满足人民的基本需要①。教育可以优化人力资源，提高劳动力的工作和生产效率，教育还具有综合效应，如婚姻稳定、个体注重健康和生育质量、代际效应、雇主收益、社会较少失业和犯罪、国家收益和公平效应。

依据政府、社会和学生个人在高等教育的资金投入数据，以人力资本增量作为高等教育的产出，丁乐臣等（2008）分析了近年来我国高等教育的投入产出效率状况，通过对不同学历人员实际工资差额与理论差额的比较，证明了现阶段我国高等教育的投入产出效率较高。研究包含了高等教育的各种投入，既包括国家和社会的财政投资，还包括受教育者的个人投入，包含教育经费投入（在校生人均教育经费）和学生个人的生活消费（城镇居民生活费）；高等教育的产出主要是指培养的有一定质量和具有各种知识、能力的学生数量，以及各种科研成果。研究从人力资本的角度来具体衡量高等教育产出的价值量，根据人力资本理论，人力资本的价值等于其收入能力的现值②。

许多学者运用不同方法就教育对经济增长的贡献进行了研究。马骁和徐浪（2001）将复杂劳动标准化为简单劳动，分析了教育投入对经济增长和经济增长效率的贡献③。张波和周志刚（2006）运用回归分析法探讨了教育投入对经济增长的贡献④。陆秋君和艾克凤（2007）运用因果计量分析法，检验了各种教育投入对经济增长的作用⑤。张红霞（2008）运用投入占用产出模型分析了我国教育投入与人力资本形成、教育与经济产出总量、教育发展与经济结构的关系⑥。赵镇和傅毓维使用时间序列谱分析方法，计算 1979—2006 年国家财政科技投入与教育投入对我国经济增长的贡献率，发现改革开放以来，国家科技投入与教育投入对我国经济增长的贡献率分别为 17.83%和 16.19%⑦。颜敏和王维国（2009）选择中国 1952—2005 年政府财政教育支出（EDU）作为教育投入指标，其中包括教育事业费、教育基建投资、各部门事业费中用于教育的

① 许庆豫. 西方学者论教育对经济发展的双重效应［J］. 教育研究，2000（5）：69-73.

② 丁乐臣，肖春来，姜万军，等. 我国高等教育投入产出效率分析［J］. 北方工业大学学报，2008，20（3）：71-74.

③ 马骁，徐浪. 教育对经济增长的贡献：东西部之比较［J］. 经济学家，2001（2）：34-38.

④ 张波，周志刚. 教育投资对中国经济增长贡献的计量分析［J］. 天津工业大学学报，2006（1）：78-80.

⑤ 陆秋君，艾克凤. 中国教育投资与经济增长关系研究［J］. 生产力研究，2007（12）：50-51.

⑥ 张红霞. 教育：经济投入占用产出模型研究［M］. 北京：中国经济出版社，2008：20-113.

⑦ 赵镇，傅毓维. 基于互谱分析的科技教育投入对经济增长作用研究［J］. 学术交流，2008（11）：189-192.

支出、城市教育费附加支出、支援不发达地区资金用于教育支出、农村教育附加费支出等，分别运用固定系数法、变参数法分析了教育投入、物质资本、劳动力数量投入对我国经济增长的贡献①。邓媛和李瑞光（2009）采用向量自回归模型（VAR），通过协整检验、格兰杰因果检验、脉冲响应函数对云南省教育投入与经济增长的关系进行实证分析，结果表明云南省教育投入与经济增长之间存在着互为因果的长期均衡关系，教育投入对经济增长的贡献率为24.3%②。范凌钧和李南（2009）运用灰色相对关联度，分析了我国高等教育经费支出、高校教师人数等投入对 GDP 的影响，发现高等教育经费支出和高校教师人数与经济增长存在正相关关系，高等教育经费的投入对经济增长起着更为重要的促进作用③。知识信息时代经济发展以创新为强劲动力，但创新离不开知识积累和人才培养，人才是知识接受、传递、处理信息的主动载体，是创造和发现新知识、新技术的动力主体，是保证物质资本充分发挥功能的能动力量，必须重视教育的投入和发展。

在国际上有大量关于教育投入效应的研究文献，对教育的作用做了非常详细的分析。经济生产要素除了土地、资本、劳动力外，还应加上教育因素，用于教育的人力资本投资是最有效的投资，应作为国家重视的投资。人在学校里得到的进步之所以重要，除了它本身的缘故（在学校获得知识和技能）之外，更多的是因为学校教育所给予的将来进步的能力。因为，真正高级的普通教育，使人能在业务上发挥最好的才能，并能使业务本身作为增进教育的一种手段。把教育仅仅当作一种投资，使大多数人获得比他们自己通常能利用的大得多的机会，也是有利的。因为，依靠这个手段，许多原来默默无闻的人就能获得发挥他们潜在能力的机会。而且，“一个伟大的工业天才的经济价值，足以抵偿整个城市的教育费用”④。在市场经济条件下，教育水平提高首先受益的是受教育者个人或家庭，可以增加受教育者的经济收入，如果视教育为投资的话，那么，教育的收益比较高。Mincer（1979）通过搜集大量样本数据，经过长期研究发现教育投入对个体的经济收入具有较强的影响，教育投资的收益率非常高，受教育年限为 8，教育投资收益率为 0.256；受教育年限为 12，教育

---

① 颜敏，王维国. 基于时变参数的中国教育投入对经济增长贡献率估计［J］. 统计与信息论坛，2009（7）：72-78.

② 邓媛，李瑞光. 基于 VAR 模型实证分析云南省教育投入与经济增长的关系［J］. 技术经济与管理研究，2009（4）：18-21.

③ 范凌钧，李南. 政府高等教育投入与经济增长的关联分析［J］. 现代教育管理，2009（4）：26-28.

④ 马歇尔. 经济学原理［M］. 朱志泰，译. 北京：商务印书馆，1987：226-233.

投资收益率为0.172；受教育年限为16，教育投资收益率为0.088[①]。

20世纪50年代，美国经济学家Solow发现在经济增长中存在不能被劳动力、物质资本投入解释的“增长剩余”[②]；Denision在研究1929—1957年美国经济增长贡献因素时，发现教育水平增长贡献为23%，知识增长和技术进步对经济增长的贡献占20%[③]。Romer（1990）[④]，Mankiw等（1992）[⑤]以及Dougherty和Jorgenson（1996）[⑥]等建立了内生经济增长理论，创新来自科学知识的积累，人力资本投资通过提高研究和开发水平，从而产生新的物质资本，各国经济增长差异来自人力资本、物质投资和生产率的差别，其中人力资本所包含的知识和技能的质量乃是物质资本质量和生产率进步的关键。Robert E. Hall和Charles I. Jones（1999）在研究世界上127个国家人均收入差异时，发现教育水平、人力资本质量等可以作为解释变量[⑦]。

Asteriou和Agiomirgianakis（2001）分析希腊1960—1994年的数据，探讨了该国各层次教育入学率与经济增长的关系，发现初等、中等教育入学率对经济增长有因果促进作用，而经济增长对高等教育入学率具有因果促进影响[⑧]。Narayan和Smyth（2004）[⑨]运用Johansen和Juselius（1990）[⑩]、Gregory和Han-

---

① MINCER J A. Schooling, experience, and earnings [M]. New York: Columbia University Press, 1979: 54-55.

② SOLOW R M. Technical change and the aggregate production function [J]. Review of Economics and Statistics, 1957 (46): 312-320.

③ DENISON E F. Measuring the contribution of education to economic growth [J]. The economics of education, 1966 (15): 217-235.

④ ROMER P M. Endogenous technological change [J]. Journal of Political Economy, 1990 (98): S71-S102.

⑤ GREGORY M N, ROMER D, WEIL D. A contribution to the mpirics of economic growth [J]. Quarterly Journal of Economics, 1992 (80): 407-438.

⑥ DOUGHERTY C, JORGENSON D W. International comparisons of the sources of economic growth [J]. American Economic Association Papers and Proceedings, 1996 (86): 25-29.

⑦ HALL R E, JONES C I. Why do some countries produce so much more output per worker than others? [J]. The quarterly journal of economics, 1999 (2): 83-116.

⑧ ASTERIOU D, AGIOMIRGIANAKIS G M. Human capital and economic growth: time series evidence from Greece [J]. Journal of policy modeling, 2001 (23): 481-489.

⑨ NARAYAN P K, SMYTH R. Temporal causality between human capital and real income in co-integrated VAR processes: empirical evidence from China 1960—1999 [J]. International Journal of Business and Economics, 2004 (3): 1-11.

⑩ JOHANSEN S, JUSELIUS K. Maximum likelihood estimation and inference on co-integration—with applications to the demand for money [J]. Oxford Bulletin of Economics and Statistics, 1990 (52): 169-210.

sen (1996)[1] 的因果检验法，利用中国1960—1999年的数据，分析发现：在长期，中国人力资本提高对实际收入存在因果关系；在短期，实际收入对人力资本提高存在因果关系。Stephen H. Courtright 和 Cary G. Fry（2007）计算了美国各州高等教育投入的公共收益，通过收集接受高中教育的公民和受到大学教育的公民的税收收入资料，分析了两类群体教育收益差异，发现高等教育投资的收益非常高，除了经济收益，影响各地政府高等教育投资决策的还有其他非经济因素[2]。

其二，关于教育的社会效应的研究。一个理想的社会，将是物质文明和精神文明高度发达的社会。教育社会功能大小的计量是一个远比智力投资经济效果的计量复杂得多、困难得多的问题。特别是涉及人们精神面貌的变化以及由此给社会经济带来的好处，这是迄今为止似乎还不能解决的计量问题。在讨论计量问题时，学界目前还只限于对智力投资的经济效果进行计算。“人们精神面貌变化和给社会经济带来的好处，可以用社会治理成本下降和经济效率提高等指标衡量。”[3] 学校的任务不仅是传授文化知识技术，还要对学生进行革命理想教育、道德教育、纪律教育，对努力建设高度的精神文明负有特别重要的责任。教育能够促进人的社会化，赋予人社会化内容和时代感，对人进行系统训练和引导，开发人的潜能，受教育者知识技能提高能促进就业和创业，继承知识文化，实现文明创新[4]。

教育是民族振兴的基石，教育公平是社会公平的重要基础。要全面贯彻党的教育方针，坚持育人为本、德育为先，实施素质教育，提高教育现代化水平，培养德智体美全面发展的社会主义建设者和接班人，办好人民满意的教育。要优化教育结构，促进义务教育均衡发展，加快普及高中阶段教育，大力发展职业教育，提高高等教育质量。重视学前教育。更新教育观念，深化教学内容方式、考试招生制度、质量评价制度等改革，减轻中小学生课业负担，提高学生综合素质[5]。

在社会建设方面，教育具有四种主要目标，包括创造新的公民社会、促进

---

① GREGORY A W, HANSEN B E. Residual-based tests for co-integration in models with regime shifts [J]. Journal of Econometrics, 1996 (70): 99-126.

② COURTRIGHT S H, FRY C G. Public rates of return on higher education investments by state [J]. Journal of College Teaching & Learning, 2007, 4 (8): 13-29.

③ 厉以宁. 教育管理中的几个经济理论问题 [J]. 高等教育研究，1983 (1)：43-49.

④ 肖昊. 教育发展 [M]. 武汉：武汉大学出版社，2004：69-105.

⑤ 胡锦涛. 坚持教育公益性质加大教育投入力度 [R]. 中国教育网，2007-10-15.

可持续发展、构建和谐政治氛围和加强社会安全（Laura Carol Sims，2002）①。Jim Saxton（2000）认为正规教育是个人收入和社会经济增长的一个重要决定因素为经济学家的共识。近年来，美国劳动市场迫切需要有技能的劳动者的趋势强化了正规教育的重要性，教育水平的提高有利于个体获取较高水平教育和社会获得更多利益②。Philip Stevens 和 Martin Weale（2000）收集了自 20 世纪早期以来的数据，发现过去的一千年特别是自公元 1800 年以来，从广义角度，人类生活水平的提高，主要是因为教育的进步，人类取得了在文盲社会没有的各种进步得益于科学发展，这种科学进步受益于教育促进知识发展，教育和科学两者相互促进。从更具体的角度，劳动个体获得的收入依赖于其受到的教育，一个国家的劳动力单位时间产出水平决定于其人口受到的教育水平，教育投资可以获取各种收益，类似于固定资产投资③。

高等教育的最大益处就在于它增加了社会的人力资本，增加了经济的人力资本，同时，在生产和个人两方面都有很好的收益率④。国家通过普及教育和高等教育，推广读写技能，使一定的文化、知识、经验具有社会共同性，实现社会功能，均等教育机会的提供实现了人们之间的社会平等，通过培养人才形成高效的社会、经济活动⑤。因此，教育的普及和高等教育的推广是维持现代社会稳定和促进文明发展的必要手段。

1.4.7 关于高等教育的功能及投入分担研究

教育作为公共产品或是准公共产品，在市场经济体制下，政府投资教育可以发挥政府作为公共权利代表的作用，保证教育与经济社会发展的协调与平衡；发挥政府作为社会公共利益代表和“社会公平”维护者的作用，满足社会对教育的“公共需要”，实现教育的机会均等；同时还可以充分发挥政府投资教育的主渠道的作用，弥补个人家庭、企业单位对教育投资的不足⑥。教育

---

① SIMS L C. Education for recreating civil society: working towards sustainable development, political voice, and safety [M]. Ontario: Queen's University, 2002.

② SAXTON J. Investment in education: private and public returns [R]. Joint Economic Committee, 2000: 1-17.

③ STEVENS P, WEALE M. Education and economic growth [M]. International Handbook on Economics of Education, Edited by Geraint Johnes and Jill Johnes, 2000, 164-187.

④ 舒尔茨. 人力资本投资：教育和研究的作用 [M]. 蒋斌，张蘅，译. 北京：商务印书馆，1990：136.

⑤ 金子元久. 高等教育的社会经济学 [M]. 刘文君，编译. 北京：北京大学出版社，2007：214.

⑥ 沈百福. 地方教育投资研究 [M]. 北京：北京师范大学出版社，2003：200-240.

活动既有满足个人需求的作用，即个人收益增加和一些主体的利益优先；也有符合社会需要的作用，如社会收益增加，对有能力者实施奖励形成社会激励和借助教育实现社会公平，提高社会整体收入水平和促进平等①。在市场经济环境中，教育投入的来源分配比例和投入总量、结构比例，关系到教育发展及投资效率两个重要问题。

首先，“人们对实际教育问题中最为直接关心的，无过于在国家与家庭之间应当怎样分配教育费用的问题了”②。高等教育投入来源主体分配比例是一个非常复杂的问题。教育投入研究主要从经济学人力资本、教育学视角，从制度经济学角度探讨教育制度的演变。基于公共产品理论，高等教育具有巨大的正外部性和消费竞争性及明显的排他性，是拥有公共产品特征的准公共产品，根据谁获益谁付费的原则，学界认为公共部门和私人应同时在高等教育的提供即投入中发挥作用③。

其次，教育投入总量及其结构比例的确定也是很关键的。这个问题涉及教育的效率和国家经济社会发展目标的结合。厉以宁先生认为：教育经费占国民收入比例的合理性存在两个标准，即以一国在维持目标经济增长率条件下的国力为上限和以一国为维持目标经济增长率所需要的最低人才供应量为下限，具体来说，与一国目标经济增长率、一国的国力大小和人才供给量等有关，与社会发展目标（教育普及程度、居民健康状况、文化生活设施发展状况等）有关④。

1.4.8 对中外高等教育投入研究的评述

几十年来，中外学者积累了大量教育投入研究文献，对教育投入的演变进行了仔细分析和国际比较，运用多种方法对人力资本的微观和宏观经济效应做了理论和实证研究，这些研究成果为我国进一步研究高等教育投入问题奠定了坚实的基础。

但是，在广泛阅读中外高等教育研究文献的基础上，笔者发现现有研究也存在下列不足：

---

① 矢野真和．高等教育的经济分析与政策［M］．张晓鹏，等译．北京：北京大学出版社，2006：102-103.

② 马歇尔．经济学原理［M］．北京：商务印书馆，1987：234.

③ 武长河，蒋莉莉．论当前我国高等教育投入研究的缺陷［J］．高等教育研究，2006（10）：49-54.

④ 厉以宁．试论教育经费在国民收入中合理比例的依据［J］．中国社会科学，1984（4）：109-122.

首先，对高等教育投入的影响因素缺少系统分析。中外学者在对我国高等教育投入区域差异，特别是对家庭、政府高等教育投入的影响因素探索较少，也没有对高等教育投入不均衡所造成的人才分布格局差异进行研究。

其次，对高等教育投入效应较少进行全面衡量。在高等教育投入的效应方面，学者主要是针对一国（或地区）总体教育投入的效应进行研究，而没有就高等教育投入对人力资本、经济结构、收入分配格局、人均产值增长的效应进行专门研究。

最后，没有深入研究高等教育投入的分担问题。随着高等教育由精英教育向大众化、普及化发展，高等教育经费投入问题越发凸显出来。在高等教育这一局部系统，作为高等教育投入两大主体的政府、家庭到底各自应分担多大比例，从局部均衡角度，在理论和实证方面对其进行研究具有重要意义，目前学界对高等教育投入占国民生产总值多大比例较为合理的问题没有研究。

1.5 研究方法的说明

在研究过程中，本书主要运用了理论和数理模型分析方法，在实证分析方面，主要运用了统计计量分析方法。

1.5.1 理论和数理模型分析方法

“科学理论是经过实践检验的系统化了的科学知识体系，它是由科学概念、科学原理以及对这些概念、原理的理论论证所组成的体系。”① 科学理论具有客观真理性、普遍性、系统性和逻辑性。在教育领域，其科学理论是对教育研究对象的基本关系和内在规律的反映，也是研究教育对象必须借助的工具和方法。本书在研究高等教育投入过程中，运用了教育人力资源核算理论、高等教育投入收益理论、高等教育的经济和社会效应理论，以及高等教育经济投入和收益分配理论。

理论工具有利于对研究对象进行严密的合乎逻辑的分析，其分析结果最简洁的表达方式是各种模型。其中，运用对应符号，通过数理模型来表示分析过程和结果是研究中经常采用的一种方法。数理模型是理论分析结论的符号化、数学化表示，借用数学知识和方法可以对各种变量的总量和变动进行分析，考

① 教育部社科司. 自然辩证法概论［M］. 北京：高等教育出版社，2000：186-188.

察变量之间的关系和变动所致的影响。运用数理模型可以使语言准确、简练，保证分析逻辑的严密性。

在对研究对象进行细致的理论分析的基础上，本书运用了数理模型表达和分析了高等教育人力资本核算、高等教育投入收益衡量、高等教育投入收益分配、高等教育的经济社会效应以及高等教育投入的国家和家庭分担比例等，数理模型的运用极大地方便了研究内容的深入。

1.5.2 统计计量分析方法

理论分析是推导和证明的基础，是必要的定性分析，而收集数据进行实证分析是验证理论分析的必需研究环节，其中，对数据进行统计整理、处理和运用计量软件进行分析，可以更加准确和深入地探讨研究对象。在理论分析的指导下，本书收集了我国近几十年（2008 年之前）的高等教育学生数据、教育投入数据以及我国经济社会统计数据，运用统计分析可以描述这些数据的变化或曲线走向，分析这些数据之间的相关关系、因果关系，并进一步求解它们之间的回归方程，在检验可行的基础上，作为预测未来的工具。

统计计量分析方法是在收集数据、处理数据使其达到可比性的基础上，根据理论分析，建立和计算这些数据之间的比率、比例和动态变化弹性等指标，通过观察这些指标的变化来反映研究对象动态趋势和相对变化的影响。本书运用劳均高等教育投入存量、劳均非高等教育投入存量、简化劳动力、劳均物质资本存量、劳均国内生产增长等指标，分析了这些指标的相关关系、回归关系和因果关系。

其中，相关关系分析是以测度两个变量序列如 x、y 之间的线性关联力度为目的的分析方法，其分析结果为相关系数。相关系数 r 的取值范围为$[-1,1]$，其绝对值越接近于1，表示两个序列相关性越强；当 $r=0$，表示不相关；当 $r<0$ 时，表示负相关；当 $r>0$ 时，表示两序列正相关。相关系数的计算公式如式(1.1) 所示。

$$r=\frac{\sum_{i=1}^{n}(x_i-\bar{x})(y_i-\bar{y})}{\sqrt{\sum_{i=1}^{n}(x_i-\bar{x})^2\sum_{i=1}^{n}(y_i-\bar{y})^2}} \tag{1.1}$$

运用统计软件可以非常方便地计算数据序列之间的相关系数。

因果分析是指格兰杰因果检验分析，旨在考察序列 x 是否是另一序列 y 产生的原因。一般先估计当前的 y 值被其自身滞后期取值所能解释的程度，然后验证通过引入序列 x 的滞后值是否可以提高 y 的被解释程度。如果是，则称系

列 x 是 y 的格兰杰成因（Ganger Cause）①。现在，该种理论已经很完善并且计算软件的操作也很方便。

相关分析和因果分析可以为数据之间是否存在依赖关系提供检验，而回归分析则是研究一个变量对另一个（些）变量的依赖关系。运用回归分析可以实现变量之间的依赖关系方程化即具体化，从而更方便研究变量之间的影响方向和影响程度的大小。本书运用计量因果分析和回归分析研究了高等教育投入、高等教育经济效应和社会效应的相关关系、因果关系，并将其作为预测分析的工具。

1.6 研究的创新、不足和研究展望

1.6.1 研究的创新

本书以成本收益理论为基础，从一般均衡视角，建立模型分析得到：高等教育私人投入的影响因素有私人期望偏好、投入收益率和价值折现率、物质资本投资收益率和投入成本；高等教育政府投入的影响因素有投入收益率、物质资本投资收益率、资源总量等。本书运用教育投入总量法和劳动力简化方法，核算了高等教育形成的人力资本存量，分析了我国高等教育投入的人力资本效应、经济效应和社会效应。

本书理论分析了政府和家庭对高等教育投入的分担比例，并收集数据从实证角度进行了详细的分析。本书基于我国高等教育实际和发展规划，对未来高等教育投入进行了预测，在局部均衡条件下，对我国高等教育投入理论分担比例和政府财政与家庭两大主体高等教育投入分担比例进行了核算。

1.6.2 研究的不足和展望

研究中运用了劳动简化法，对受不同层次教育的劳动者进行当量计算，以及在探讨高等教育投入分担比例时将高等教育作为一个系统进行局部均衡分析，这些都是一种理想的抽象研究，难免忽视了现实环境与理论条件存在的一些差异。

笔者在分析我国高等教育投入的社会效应时，由于数据收集困难而没有进行深入研究；对于我国地方政府与中央政府之间的高等教育投入分担比率，因高等教育劳动力流动数据短缺而仅从定性角度进行分析。这些都是笔者将来需继续研究的内容。

---

① 易丹辉. 数据分析与 Eviews 应用［M］. 北京：中国统计出版社，2002：178-179.

本章小结

我国经济社会的发展将逐渐由依靠资源、人力投入的粗放型发展模式，转向改善资源和人力质量、挖掘资源和人力内在潜力的集约型发展模式。实现发展模式的转变，必然依赖于人力资本的增加，依靠教育的发展，特别是依靠高等教育全面系统的发展和进步。要实现高等教育发展规划，高等教育投入的状况、效应和经费负担问题是必须面对的问题。

在广泛阅读国内外相关文献的基础上，笔者总结了高等教育投入研究的一些重要成果。首先，总结了高等教育投入的概念及其从价值、物质等形态进行的分类；其次，介绍了教育投入体制的演变及原因；最后，归纳了教育投入衡量指标和投入影响因素，这些因素涉及经济制度、社会制度、经济发展结构和水平、社会对教育的需求以及教育效率等，既有教育内部效率、管理绩效因素，也有教育系统外部效率如经济发展水平、民众教育需求量等原因，高等教育发展的成本与社会需求、经济状况和高等学校内部管理绩效有关。

我国高等教育投入机制经过了多次变化，先后经历了精英教育时期的国家负责全部经费，到市场经济环境下双轨制经费投入，再到现在高等教育大众化时期的国家负担减少、民众负担逐渐增多。高等教育经费分担问题跃然而出。

国内外学者对教育投入效应进行了详细研究，如美国经济学家舒尔茨等，中国经济学家厉以宁等，教育投入产生人力资本效应、经济发展效应和社会进步效应。国内外对教育投入的研究颇多，对教育投入占国内生产总值的比例做了探讨。

但是，国内外学者对我国高等教育的投入状况、投入影响因素以及高等教育的人力资本效应和经济社会发展效应研究很少，更没有就高等教育投入在国家财政和家庭之间的分担比例进行理论探讨和分析。这就是本书的主要研究目的。

本章介绍了研究中使用的理论和数理模型分析方法、统计计量分析方法。教育理论、经济理论分析是基础，数理模型是分析过程的一种表达方式，也是分析结果的一种较为简洁的表达形式。统计分析和计量分析是对收集的数据进行比例分析、相关分析、因果分析和回归预测分析的有力工具。

2　相关概念界定和理论阐释

本书在研究中，涉及人力资本理论、高等教育投入衡量理论、高等教育投入收益理论。

2.1　人力资本概念及其衡量

2.1.1　人力资本及其构成

人是构成社会的主体，其所形成的劳动力是经济发展中的主要生产要素。马克思认为："劳动力是指人的智力、知识、科学、技能、技巧等体现在生产过程中的人力。"它与各种物质生产力相对应，不仅体现在人自身，还可以渗透物质生产力的各个方面，通过改善生产工具、扩大劳动对象的范围等方式来提高物质生产力。

经过长期研究，在20世纪50年代后期，经济学家、教育学家提出了人力资本概念。舒尔茨认为："人力资本是相对于物质资本或非人力资本而言，是体现在人身上的可以被用来提供未来收入的一种资本，是人类自身在经济活动中获得收益并不断增值的能力，它可以表现为个人所具有的才干、知识技能和资历，劳动者这种能力是生产增长诸要素中的主要因素。"① 在此基础上，贝克尔进一步把人力资本与时间因素联系起来，在贝克尔看来，人力资本不仅意味着才干知识和技能，而且还意味着时间、健康和生命②。Baron 和 Armstrong

① SCHULTZ T W. Investment in human capital [J]. The American economic review, 1961, 51 (1): 1-17.

② BECKER G S. Human capital [M]. New York: Columbia University Press, 1964: 1-20.

(2007) 认为人力资本由知识、社会、情感和相关资本构成①。1998 年 OECD (经济合作与发展组织) 定义人力资本为："每个人所有的与经济活动有关的知识、技能、能力和其他属性。" 简言之，所谓人力资本就是以知识、技能、能力为形式的个人属性。

总括而言，人力资本，首先是其 "儿童资本"，是一种特殊的人力资本，与人口的数量和遗传素质有关，由夫妻组成的家庭从生育子女开始积累。其次，是后天的培育、教育投资所增加的资本，这些投资分为中小学教育和高等教育、在职培训、人员迁移、卫生保健及经济信息投入②。因此，可以认为人力资本具体由出生身体素质、学校教育投资、在职培训、卫生保健投资、人员迁移投入以及经济信息传递投入六个方面构成。其中，出生身体素质与夫妻双方遗传特征、怀孕期间投入有关，其余五个方面则受后天的投入影响。

一般而言，个体的身体健康资本从出生到青壮年逐渐增加，其后随着年龄增长，个体的身体健康状况会下降，需要依靠卫生保健投入进行保持和维护。教育投入增加个体的知识和技能，达到较高水平后，其增长就会变慢。在职培训有益于补充相关知识和经验，随着时间推移，人们的知识和技能有可能衰退或折旧。人员迁移有利于帮助个体实现知识和技能的较好岗位配置，增加个体的经验和阅历。经济信息传递有利于个体进行最优决策，在经济、社会活动中合理配置资源，以求成本收益最优，使人力资本价值最大化。

2.1.2 人力资本衡量

对人力资本的测量，就是测量人所掌握的知识、技能和能力，以用于分析它们与当前经济、社会发展的关系。根据上面关于人力资本构成的分析，要测算具体个体的人力资本量，需要计算相应个体的六个方面的直接投入与间接投入的总和，间接投入即机会成本，是在进行人力资本直接投资时所放弃的收益。通过汇总得知，现有对人力资本的衡量方法分为三种：投入总量核算法、受教育年限法和产出价值法。

第一，投入总量核算法，就是汇总人力资本在各阶段的直接投入和间接投入，并折算为某一时期（作为基期）价值的总和。假设个体在第 m 年开始工作，该个体的人力资本的计算公式为

---

① BARON A, ARMSTRONG M. Human capital management: achieving added value through people [M]. London: Kogan Page Limited, 2007.

② 舒尔茨. 人力资本投资：教育与研究的作用 [M]. 蒋斌，张蘅，译. 北京：商务印书馆，1990：2-9.

$$HC_m = \sum_{i=1}^{m} \sum_{j=1}^{6} [(d_{ij} + O_{ij})/(1+p)^{i-m}] \quad (2.1)$$

d_{ij} 表示第 i 年第 j(j = 1，2，3，4，5，6，表示上文所指的 6 种人力资本投入）种直接投入，O_{ij} 表示第 i 年第 j 种间接投入或机会成本，m 表示开始工作的时间；p 表示折算率。在实际中，人们计算人力资本时，由于具体个体的各类投入不同，如怀孕、生育及早期抚养投入等，以及如卫生保健投入、迁移投入、经济信息传递投入等数据不便于搜集，通常以平均的教育投入总量作为人力资本衡量值。在实际研究中，为了核算简便往往忽略了教育之外的投入，而认为教育投入是人力资本积累的主要手段。

人力资本，如同其他物质资本，也易于折旧，从第 $m+1$ 年始，人力资本便开始计提折旧，则第 $m+k$ 年的人力资本存量计算公式为

$$HC_{m+k} = HC_{m+k-1}(1-\delta) + \sum_{j=1}^{6} (d_{m+k} + O_{m+k})/(1+p)^{k} \quad (2.2)$$

在实际中，人们往往核算教育投入所形成的人力资本——教育资本，分析教育资本的总量、结构及其变化对经济、社会发展的影响。

第二，受教育年限法，是通过统计研究对象的受教育年限，或者汇总既定群体受教育年限总和，求该群体的平均受教育年限，以表示个体或群体人力资本量的方法。舒尔茨总结前人的研究，提出了计算教育资本存量的三种方法中，有两种方法涉及用汇总学年数来计算教育资本存量：简单的完成学年数、完成恒定的学年数①。例如，含有 n 个个体的群体第 i 年的平均受教育年限为

$$AE_i = \frac{1}{n} \sum_{d=1}^{n} e_{id} \quad (2.3)$$

e_{id} 表示第 i 年，第 d 个个体的受教育年限数。教育年限数可以简单汇总学年数，或者按照一定的标准（学习时间、成本等）折算标准的学年数并汇总。

第三，产出价值法，根据个体在经济、社会工作中所产生的价值或增加值，采取一定的时间折算率，计算出折算价值。这种方法参照金融资本定价法，将资产未来收益折算为现值，视为资本的价值。类似地，人力资本价值取决于其提供服务的价值，而非其初始成本，即人力资本的价值等于其收入能力的现值。运用产出价值法计算第 d 个个体第 i 年的人力资本公式为

$$PV_d = \sum_{i=m}^{n} R_{id}/(1+r)^{i-m} \quad (2.4)$$

---

① 舒尔茨. 人力资本投资：教育和研究的作用［M］. 蒋斌，张蘅，译. 北京：商务印书馆，1990：96-100.

三种人力资本的核算方法各有优点和缺点。投入总量核算法从实际投入内容入手，比较切合投资理念。但是，早期投入数据不便于收集，而且不同个体的投入量不同，在实际中，不同地区之间同一教育层次、不同时期的同一教育层次等都可能存在投入数量差异。只分析投入量如教育投入总量对人力资本的影响，其内在逻辑是：假定不同年份、地区、教育层次中，教育投入决定教育资本的形成数量，在不同地区教育投入的效率相同，教育资本形成的总量与投入量呈正向固定比例关系。

受教育年限法主要用受教育者的教育年限来表示教育资本形成量，数据便于收集，计算也较方便。但是，没有区分不同层次教育的知识和技能数量、质量，忽略了人力资本的非教育投入差异，因而，这种核算方法是比较粗略的。用完成恒定学年数计算学年数需要收集不同教育层次的折算标准的数据如学习时间、教育投入经费等，劳动简化法是对其进行加权处理的改进。

产出价值法是运用了物质资本的未来收益能力的现值计价方法，比较能反映人力资本的能力。但是，由于未来收益不能确定，这种计算是建立在对未来收益估计基础上的，该估计主要是依据现有市场信息做出的，将来市场定会发生较大变化，现在的估计难免存在较大误差。另外，未来收益不仅受个体自身能力的影响，而且也受个体未来发挥能力的市场环境和条件影响，产出价值法似乎以果定因。

2.2 高等教育投入衡量指标

高等教育投入的衡量是指借助反映投入来源、投入力度的指标，采用比例、平均值或绝对额度等各种形式，进行纵向和横向分析，以了解高等教育投入变化。具体分为以下几种衡量指标：

2.2.1 高等教育投入和发展的衡量

高等教育投入的变化，伴随着高等教育的发展和演变。因此，在探讨高等教育投入时，必然要求回顾和分析高等教育的发展状况。高等教育发展的指标，根据肖昊（2004）的教育发展衡量论述，可采用高等教育在校学生人数、高等教育学生人数占适龄人数比例、高等教育入学率、每万人中受高等教育毕业人数等指标[1]。其一，高等教育在校学生人数是衡量一国或地区高等教育规模和发展速度的一种指标，说明一国高等教育发展的总量水平。高等教育入学率反映前一级次教育升入高等教育层次的比例，表示高等教育发展阶段和相对水平。每万人中受高等教育毕业生人数，反映一国成人中受过高等教育的人数，是该国高等教育现有成绩的衡量。

其二是高等教育投入来源的指标，用于分析经费的来源及其变化。我国1999年1月1日实施的《中华人民共和国高等教育法》以法律的形式确定了高等教育经费投入，在实践中逐步形成了多渠道筹措教育经费的格局。国家建立以财政拨款为主、其他多种渠道筹措高等教育经费为辅的体制，使高等教育事业的发展同经济、社会发展的水平相适应。高等教育总投入中，不仅包括国家财政拨款，还有企事业组织、社会团体及其他社会组织和个人向高等教育的投入。具体衡量指标包括高等教育经费总额、高等教育经费中财政资金、高等教育经费中财政资金所占比重、高等教育经费中央财政资金所占比重、高等教育财政经费地方财政资金所占比重、社会团体办学经费及捐赠资金所占比重、学杂费所占比重。具体计算公式如下：

高等教育经费总额=中央财政高等教育预算内拨款+中央财政高等教育预算外拨款+地方财政高等教育拨款+社会团体或组织投入+个人缴纳高等教育学费

高等教育经费中财政资金=中央财政高等教育预算内拨款+中央财政高等教育预算外拨款+地方财政高等教育拨款

高等教育经费中财政资金所占比重=高等教育经费中财政资金/高等教育经费总额

高等教育经费中央财政资金所占比重=（中央财政高等教育预算内拨款+中央财政高等教育预算外拨款）/高等教育经费总额

高等教育财政经费地方财政资金所占比重=地方财政高等教育拨款/高等教育经费总额

社会团体办学经费及捐赠资金所占比重=社会团体或组织投入/高等教育经费总额

学杂费所占比重=个人缴纳高等教育学费/高等教育经费总额

其三是高等教育投入力度的指标，包括高等教育经费总额、高等教育经费占GDP比例、高等教育学生平均经费、高等教育学生个人负担经费占平均经

---

① 肖昊. 教育发展［M］. 武汉：武汉大学出版社，2004：27-30.

费的比例等。另外，为了比较不同年份、区域之间高等教育投入力度，可借助高等教育投入增长速度与GDP增长速度比率、高等教育财政投入增长速度与财政收入增长速度比率、区域高等教育财政投入在全国所占比例与GDP所占比例的比率、区域高等学校在校生与区域人口在全国人口中所占比例的比率、某地区每万人口中高等教育接受者数与全国每万人口中高等教育接受者数量的比率等指标。具体计算公式为

高等教育学生平均经费=高等教育经费总额/高等教育学生总数

高等教育学生个人负担经费占平均经费的比例=个人缴纳高等教育学费/高等教育经费总额，反映接受高等教育的学生个人负担成本

高等教育投入增长速度与GDP增长速度比率=高等教育投入增长速度/GDP增长速度

区域高等教育财政投入在全国所占比例与GDP所占比例的比率=某地区高等教育财政投入在全国所占比例/该地区地区生产总值在全国GDP所占比例（反映某一地区政府财政在高等教育投入上的力度）

区域高等学校在校生与区域人口在全国人口中所占比例的比率=区域高等学校在校生/区域人口在全国人口中所占比例（反映地区高等教育发展的相对程度）

某地区每万人口中高等教育接受者数与全国每万人口中高等教育接受者数量的比率=某地区每万人口中高等教育接受者数/全国每万人口中高等教育接受者数量（反映某一地区人才分布的相对密度）

2.2.2 高等教育成本的构成

作为高等教育的主要机构——大学的三项使命是文化传授、专业教学、科学研究和新科学家的培养。大学通过履行其职能，使人们成为各种职业的合格劳动者①。那么，接受四年高等教育需要哪些支出？或者说，高等教育运行要承担哪几部分成本呢？

从高等学校运行的角度分析，学校运行的内容主要是教学和科研两大块，每一块又分为设备投入、人工工资和日常运行经费投入。其中，高等学校教学投入的人力工资、设备和日常运行经费，全部核算为接受高等教育的培养成本之一；科学研究的设备投入、人工工资和运行经费，则不能全部核算为接受高等教育的培养成本，这要视科学研究内容与教学的关系而定；为高等教育教学

① 加塞特. 大学的使命［M］. 徐小洲，陈军，译. 杭州：浙江教育出版社，2001：6-12.

而耗费的试验、实验等科学研究投入，要归入高等教育的培养成本；涉及基础理论的研究和为社会、政府提供的应用研究投入应该由相关受益主体如政府、社会团体等承担，不能核算为高等教育的培养成本。

从受教育者的成本角度分析，接受高等教育的成本主要由两大主体——政府和高等教育接受者家庭负担。其中，高等教育接受者自己负担的部分包括学费、书本费、住宿费、因就学未工作失去的工资收入（机会成本）；国家和社会团体负担另外部分费用。在不同国家和不同历史时期，两大主体对高等教育投入负担的比例经常发生变化。

依据现有数据，高等学校运行的费用难以清晰地分为教学支出、科学研究支出两部分，通常只计算高等教育的投入总数，而且都归入生均投入经费，显然，因为会计信息不完善，在计算高等教育培养经费方面难免存在误差。从时间纵向看，高等教育投入会因为教育质量的提高（下降），物价水平的变化等因素而发生变化。

关于高等教育投入的总量，狭义投入主要包括将各种有形的人力、物力和财力折算为货币计量的国家财政投入和家庭（或机构）的学费、书本费等投入的总和；高等教育广义投入既包括狭义投入，还包括受教育者接受高等教育时没有工作所失去的收入，即机会成本。严格地说，计算广义投入是较为合理的。

2.3 高等教育经济效应理论

教育投资对个体经济收入效应的理论，可以追溯到早期的经济学家的论述。劳动个体经济收入的增加有许多原因，如劳均物质资本的增加、劳动强度的提高、劳动时间的延长、劳动技能的上升、熟练程度的提高等，但最终表现为劳动时间内产出的增加，而这依赖于劳动者产出能力的增强。

学校教育给予个体将来进步的能力，较好的普通教育使人能在业务上发挥较高的才能。优良的教育，即使对于普通的劳动者也予以很大的利益，刺激他们的智力活动，使其养成善于研究的习惯，教育投资使大多数人能获得比他们自己通常能利用的大得多的机会，以发挥他们的潜在能力①。

高等教育的经济价值取决于它对人力资本的贡献，人力资本是国民财富增

① 马歇尔．经济学原理［M］．朱志泰，译．北京：商务印书馆，1997：222-233.

加的最重要源泉。高收入国家的财富主要由什么构成呢？主要是人的能力。来自财产方面的收入与来自工资薪金以及企业活动的收入相比明显降低了。在美国，国民收入的五分之一来自物力资本即财产，而五分之四来自人力资本。教育提高了人们的知识和技能，为科学研究培养了人才，打下了知识基础。这些一方面促进了劳动者技能的提高和新技能的形成；另一方面，促进了创新和发明，产出新的非人力资本，制造出新的能够提高劳动生产力的物质资本，帮助节约人力或物质资本，从而产生更多的剩余①。

教育提高人力资本，在世界各国这种投资比传统（非人力）投资增长速度快得多。提高劳动力质量，有利于劳动者更熟练地操作和控制现有物质资本，管理更加科学合理，知识和技能的储备增加，促进了生产中对物质资本的改进或者新的物质资本的产生，进一步完善了另一生产要素——物质资本。因此，仅仅扩大特定的非人力资源的物质资本，没有相应的人力资源跟进，会使资本吸收率降低。与土地、工时及物质资本的增加相比较，国家产出的增加是很大的，人力资本的主要投资——教育投入有利于实现生产环境改善的良性循环，是推动经济产出持续增长的根本动力。

2.3.1 教育的私人经济收益

在微观方面，高等教育对个体的三个主要职能是发现才能、传授知识技能和形成研究能力。学生将来的收益有经济收入增加和非经济方面的满足。在教育对个体经济收入影响方面，Mincer（1974）进行了系统的研究，认为受教育者的年收益与教育年限、工作时间长短有关系，并且提出了检验公式

$$\ln E_t = \ln E_0 + rs + \beta_1 t - \beta_2 t^2, \tag{2.5}$$

其中，E_t 是工作第 t 年的收入，E_0 是教育年限为 0 的劳动力开始工作时的收入，s 是教育年限，r、β_1、β_2 是参数，r 表示教育年限的收益增长率。上述公式也可以变为：$E_t = E_0 e^{rs+\beta_1 t-\beta_2 t^2}$，$E_S = E_0 e^{rs}$ 为受教育年限为 s 的劳动力毕业就开始工作的收入。

可见，教育年限越长，收入增长率越高。教育水平的普遍提高，有利于全面提高劳动者的收入。舒尔茨指出，教育水平的提高会使因受教育程度不同而产生的相对收入差别趋于减缓，并且社会个人收入不平衡状况将趋于减少。在一定的程度上，各层次教育机会的公平、教育水平的提高，有利于改善收入分配结构，促进国民收入分配的公平。因此，可以给出在后文第 6 章准备进行实

① 舒尔茨. 人力资本投资：教育和研究的作用 [M]. 蒋斌，张蘅，译. 北京：商务印书馆，1990：10-12.

证检验的两个推论：

推论 2. 1：随着人均受教育水平的提高或者教育投入的增加，劳动者人力资本上升促进了劳动者收入水平的提高。

推论 2. 2：人均受教育水平的提高或者教育投入的增加，改变了经济生产中的人力资本与物质资本比例，使劳动者的收入在国民生产总值中所占的比例逐渐提高。

2. 3. 2 教育的社会经济收益

关于学校教育对经济增长的效应，许多学者进行了论述。从时间角度分析，可以将教育投入对经济的影响分为短期效应和长期效应。前者实际上也是教育投入引起的直接效应，后者为教育投入的产出所导致的效应，是教育投入的间接效应。

高等教育投入的短期经济效应有投资、消费和就业效应。其一，相对于初级教育、中等教育，接受高等教育的个体已经达到一定年龄，并具有一定的知识和技能，可以参加社会、经济工作，但是一旦继续接受高等教育，进入就业市场时间延迟，在高等学校滞留了大量高等教育学习者，暂时减少了市场中劳动力数量，在就业市场处于供大于求的状况时，缓解了劳动市场的紧张局面。其二，高等教育投入耗用了一定的人力、物力和财力，占用了社会、经济资源，在短期，显然在一定程度上与经济投资形成资源竞争，减少了经济投入的资源，可能对经济规模扩大产生负向影响。特别是在经济发展水平较低时，持有这种负影响观点的人更多，这也是许多发展中国家或地区对教育缺乏重视的原因。其三，高等教育投入增加了人们在教育领域的花费，增加了内需，在内需不足时可以促进经济的发展。

至于教育投入的长期效应或间接效应，乃是教育投入对经济增长的影响。在新古典经济增长理论中，Solow（1957）认为劳均产出的差异取决于劳均资本（capital per worker）和劳动有效性（effectiveness of labor）的差异。物质资本对劳均产出的影响是有限的，劳动有效性是劳均产出持续增长的主要来源。劳动有效性的差异是由于知识和技能的不同，劳动力的教育和技术、产权制度、基础设施质量、对企业创新精神和工作的文化态度等共同决定了劳动有效性，这些因素大部分与教育水平和质量正向关联①。其相应的产出公式为

① SOLOW R M. A contribution to the theory of economic growth [J]. Quarterly journal of economics, 1956, 70 (2): 65-94

$$Y(t)=F[K(t),\ A(t)L(t)] \tag{2.6}$$

t 表示时间，$Y(t)$、$K(t)$、$A(t)$、$L(t)$ 分别表示总产出、总物质资本、劳动有效性、劳动力总数量。假定函数满足一次齐次，则劳均产出公式为

$$y(t)=Y(t)/L(t)=F[k(t),\ A(t)] \tag{2.7}$$

$y(t)$、$k(t)$ 分别为劳均产出和劳均物质资本量。

这一理论将劳动有效性作为技术进步的衡量标志，没有区分劳动力个体的差别，没有将人力资本引入理论分析。

Romer Paul M.（1990）扩展了上述理论模型，将人力资本引入模型中进行分析，克服了视劳动者为简单数量型劳动力的弊端①。总产出公式变为

$$Y(t)=F[K(t),\ A(t)H(t)] \tag{2.8}$$

t 表示时间，$Y(t)$、$K(t)$、$A(t)$、$H(t)$ 分别表示总产出、总物质资本、劳动有效性、人力资本总量。其中，$H(t)=L(t)G(E)$，$L(t)$ 是劳动力总数量；$G(E)$ 是每个劳动者以受教育年限（或教育投资量）为变量的人力资本函数；E 为受教育年限（或者教育资本总数），也可以看作是平均受教育年限（或者受教育平均资本数）。

为了便于分析，设人力资本函数的形式为

$$G(E)=e^{\varphi(E)},\ \varphi(E)\geqslant 0,\ \varphi(0)=0 \tag{2.9}$$

显然，当 $E=0$ 时，$G(0)=1$。此时，劳动者为一个单位的简单劳动力。

那么，平均人力资本为

$$h(t)\equiv H(t)/L(t)=G(E) \tag{2.10}$$

平均教育年限（或教育资本）为 $E=\sum_{i=0}^{5}\beta_i E_i$；文盲记为 $E=0$；$E_i(i=1,\ 2,\ 3,\ 4,\ 5)$ 分别表示获得小学、初中、高中、大学和研究生教育的年限（或者资本），$\beta_i(i=0,\ 1,\ 2,\ 3,\ 4,\ 5)$ 分别表示文盲以及获得小学、初中、高中、大学和研究生教育的劳动力比例。

在未来 n 年内，需要投入的各个层次的教育经费（educational appropriations，EA）为

$$\mathrm{EA}_i(t)=\mathrm{AE}_i(t)Q_i(t),\ i=1,\ 2,\ 3,\ 4,\ 5 \tag{2.11}$$

$\mathrm{AE}_i(t)$，$Q_i(t)$ 分别表示第 t 年第 i 教育层次学生平均费用和在校生数量。

如果取 $Y(t)=F[K(t),\ A(t)H(t)]$ 为 C-D 函数形式，不妨设

$$Y(t)=K(t)^{\alpha}[A(t)H(t)]^{1-\alpha} \tag{2.12}$$

---

① ROMER P M. Endogenous technological change [J]. Journal of Political Economy, 1990, 98 (10): S71-S102.

则劳均产出为

$$y(t) = Y(t)/L(t) = A(t)^{1-\alpha}[K(t)/L(t)]^{\alpha}G(E)^{1-\alpha} \tag{2.13}$$

设劳均物质资本为

$$k(t) \equiv K(t)/L(t) \tag{2.14}$$

则劳均产出公式变为

$$y(t) = A(t)^{1-\alpha}k(t)^{\alpha}G(E)^{1-\alpha} \tag{2.15}$$

那么，关于物质资本、教育投入的劳均边际产出分别为

$$\frac{\partial y(t)}{\partial k(t)} = \alpha A(t)^{1-\alpha}k(t)^{\alpha-1}G(E)^{1-\alpha} \tag{2.16}$$

$$\frac{\partial y(t)}{\partial E} = (1-\alpha)A(t)^{1-\alpha}k(t)^{\alpha}G(E)^{-\alpha}G'(E) \tag{2.17}$$

根据经济学分析，物质资本、教育投入应获取的收入分别为

$$\frac{\partial y(t)}{\partial k(t)}k(t) = \alpha A(t)^{1-\alpha}k(t)^{\alpha-1}G(E)^{1-\alpha}k(t) = \alpha A(t)^{1-\alpha}k(t)^{\alpha}G(E)^{1-\alpha} \tag{2.18}$$

$$\frac{\partial y(t)}{\partial E}E = (1-\alpha)A(t)^{1-\alpha}k(t)^{\alpha}G(E)^{-\alpha}G'(E)E \tag{2.19}$$

从理论上分析，当个体的教育投入（人力资本）为 E 时，其凭此获取的收入就应为 $\frac{\partial y(t)}{\partial E}E$，在实践中，应近似等于教育投入为 E 的所有劳动者的收入平均值。

2.3.3 总人口、劳动力总数及人均产出

如果人口出生增长率为 n，第 t 年出生的人口为 $B(t)$，T 为平均预期寿命，人口总数为

$$N(t) = \int_{\tau=0}^{T} B(t-\tau)d\tau = \int_{\tau=0}^{T} B(t)e^{-n\tau}d\tau = \frac{1-e^{-nT}}{n}B(t) \tag{2.20}$$

在假定失业率为 0 的情况下，劳动者正常退休年龄为 T_r，劳动者的数量为

$$L(t) = \sum_{i=0}^{5}\int_{\tau=E_i}^{T_r}\gamma_i B(t-\tau)d\tau = \sum_{i=0}^{5}(\gamma_i\frac{e^{-nE_i}-e^{-nT_r}}{n})B(t) \tag{2.21}$$

劳动力数量与人口数量的比率为

$$L(t)/N(t) = [\sum_{i=0}^{5}\gamma_i(e^{-nE_i}-e^{-nT_r})]/(1-e^{-nT}) \tag{2.22}$$

那么，全国人均产值为

$$Y(t)/N(t)=[Y(t)/L(t)]\times[L(t)/N(t)] \tag{2.23}$$

利用上述劳均产出公式，可以求出人口产出值。结合我国经济发展规划中的国民生产总值计划及其增长速度，可以反推出我国高等教育未来发展所要求的受教育者数量、投入变化趋势，从而推算我国高等教育未来的投入总量。

2.4 高等教育社会效应分析及衡量

高等教育社会效应可以从不同角度进行分析：按影响的主体范围分成微观个体效应、宏观群体效应；按效应的内容分成社会治理、身体健康、文明程度和促进科技进步等方面的外部正向影响。

学校教育能增加学生将来的收入，具有投资的性质。其实，教育所做的巨大贡献是无法衡量的，它能同时为社会、政治以及其他各种目的服务。高等教育的最大益处就在于它增加了社会的人力资本，也增加了经济的人力资本，也在于，在满足生产和生活两个方面都有很好的收益率①。教育具有两种基本功能，即促进人的发展和促进社会发展。除了经济功能之外，教育的社会功能还包括政治、文化等功能。受教育个体通过促进德、智、体、美等内部方面的发展，履行一定的社会功能等外部关系，并在内部规律和外部规律相互作用中持续进步②。在促进个体发展和社会发展过程中，相较于低层次的初等、中等教育，高等教育及接受了高等教育的人群具有较强的正向影响。接受高等教育的社会个体越多，经济发展的动力越大。但是，“一个只有丰裕的物质产品而缺乏精神文明的社会，一个物质产品虽然丰富但精神生活却空虚、贫乏的社会，一个精神生活空虚得使人们不得不把单纯追求消费品和追求离奇的消费方式作为寄托的社会，就是‘消费品拜物教’统治着人们的畸形社会”③。接受高等教育者在满足个人自由发展的基础上，提高个人的精神修养，促进自身社会化，并且在适应社会的过程中，也影响着周围的其他个体的思想和行为，推动社会精神文明发展。人们精神面貌方面好的变化，可以降低社会治理成本，提高社会经济效率，在社会治安、遵守法律和文化传递等方面表现出一定正外部性，直接结果就是减少或抑制了社会治安成本的迅速上升。受高等教育者个体

① 舒尔茨. 教育的经济价值［M］. 曹延亭，译. 长春：吉林人民出版社，1982：16-136.

② 潘懋元，王伟廉. 高等教育学［M］. 福州：福建教育出版社，2005：32-35.

③ 厉以宁. 论教育经济学中的智力投资有效性原则［J］. 中国社会科学，1981（2）：33-38.

或群体的影响，导致社会整体治安成本减少，这是高等教育者的社会价值之一。因此，高等教育对每年的社会治理成本（social governance costs，SGC）的影响可以用式（2.24）表示

$$SGC = s(HE, X) \tag{2.24}$$

其中，HE 为高等教育投入量，X 为其他层次教育的投入、社会经济总量、社会居民流动率等影响社会治理成本的变量向量。

从理论上分析，应具有

$$\partial SGC/\partial HE = \partial s(HE, X)/\partial HE < 0 \tag{2.25}$$

即可形成假设 2.1：高等教育资本积累越多，社会治理成本越小；或者说，在其他条件不变的假定下，高等教育资本增加将减少社会治理成本。

假定在一定时期内，每个接受高等教育的公民的平均投入为 AHE，则接受高等教育的公民每年的社会收益为该投入导致的平均社会治理成本减少值（average value reduced in social governace，AVS），即 $AVS \equiv AHE \times |\partial SGC/\partial HE|$。

在一定的人群中，受过高等教育的人数越多，即具有成熟思维的人越多，则创新力越强，创新结果越多。如果以一年里三种专利的受理数和授权数代表一国（地区）的科技进步，则可形成假设 2.2：一地区受过高等教育的人数越多，其科技进步越大，即科技进步与受过高等教育的人数呈正相关关系。

2.5 高等教育投入分担比例及标准

教育的投入一直是社会学家和经济学家长期思考的问题。对于低层次的义务教育，基于社会发展目标、公民素质提高等社会必要性，人们认为其正外部性较大，因此逐渐对私人免费。随着教育层次的提高，特别是大学教育阶段，受教育对象没有基础教育普遍，并且对其正外部性认识不深入，对高等教育投入的分担标准和投入比例，很少有学者进行系统的理论研究和实证分析。

2.5.1 高等教育投入分担比例模型

世界各国免费提供义务教育，是出于对正反两方面即收益—危害对比的分析。一方面，社会进步、文明程度提高，必然要求每个社会个体具有较高文化素质、纪律和法律意识，从而实现整个社会秩序稳定，促进经济社会发展；另一方面，在现代社会，如果存在大量的未接受最基本的义务教育个体，他们没有基本知识和技能等文化基础，难以具备接受新知识、新技能的学习能力，将

大大增加这些个体生存、发展的难度，导致他们对自身生存状况改善缺乏信心和动力。社会个体相互联系、互相影响，缺乏基本教育的个体大量存在，必然影响社会安定和发展，给社会带来严重的负面影响，甚至影响和威胁其他个体的安全和发展环境。如果完全根据市场机制来调节义务教育供求，许多经济困顿、教育意识较低的个体，就会放弃接受义务教育。故为了社会发展进步，以及考虑到一些家庭经济困难，许多国家实施免费、强制性义务教育。

为了便于后面章节分析我国高等教育投入分担情况，这里引入狭义比率、广义比率和理论比率的概念。其中，狭义比率即高等教育财政投入/（高等教育总投入-高等教育财政投入）；广义比率即高等教育财政投入/（高等学校在校生机会成本+高等教育总投入-高等教育财政投入）。狭义比率指高等教育投入没有考虑机会成本的实际分担比率，广义比率指包含机会成本的情况下历年投入实际分担比率，计算中将机会成本视为家庭承担的成本。理论比率则是按照受教育者因接受高等教育而增加的产出值在国家和个人之间分配的比值。

针对高等教育，因为接受了初级、中等教育但未接受高等教育的个体，对社会的危害相对小得多，又因为经济格局影响，接受高等教育的正向效应似乎不是那么明显，这就导致对高等教育投入的迫切性低得多。世界各国对高等教育的效应的认识存在较大差异，加上义务教育已经花费了大量的财政支出，在政府财政收入有限或出现困境的情况下，减少对高等教育的财政支出就成了节省的理由。其实，政府财政补助高等教育是有理论依据的：一是教育外部性的存在，二是边际成本递减和规模经济，三是机会平等和收入再分配①。

那么，到底高等教育应该如何投入呢？是完全由接受高等教育的个体承担，还是完全由国家财政支出呢？这两种极端的方式，在世界各国都非常少见。更多情形是处于中间状态，即由家庭、政府财政各自分担一部分，其差别主要为家庭和政府财政分担的比例不同。

高等教育投入分担比例确定的逻辑是：从局部均衡视角，具有半公共品性质的高等教育，高等教育机构、受教育个体充分竞争，国家和家庭两大主体对高等教育投入的边际收益相等。假定高等教育系统接近充分竞争达到局部均衡是基于以下几点：

其一，高等教育受教育者的入学和就业充分竞争，同时，在专业选择时也具有较大自由选择权。

---

① 矢野真和. 高等教育的经济分析与政策［M］. 张晓鹏，等译. 北京：北京大学出版社，2006：76-77.

其二，高等教育机构数量众多，机构之间特别是同级次的机构之间在招收学生、获取国家资源时逐渐呈现充分竞争局势。

其三，国家对高等教育的资助逐渐引入竞争机制。

因此，对于高等教育这一系统，在充分竞争局部均衡条件下，投资比例与所获收益比例相等；借助获取收益的比例反推而决定投资比例的大小。政府和家庭对高等教育投入实行均衡合理的收益分配，有利于促进将来投入，即

$$\text{高等教育投入分担比例} = \frac{\text{高等教育边际产出政府所得分配额}}{\text{高等教育边际产出私人所得分配额}} \tag{2.26}$$

高等教育边际产出包括社会收益和经济收益，实际上是受过高等教育者与未受过高等教育者的产出边际差额。其中，对社会收益一般进行定性分析，难以定量评估，下文就未予以计算。从理论上，假定高出的产值全部转变为税前工资差额，即受过高等教育人群其工资水平要高出受过高中（中专也可看成是高中教育）但未受过高等教育人群的工资水平，其工资差额即是高等教育投入的产出值，为初次分配，即马克思、恩格斯认为社会总产品在进行个人分配前，必须扣除一些公共基金①。高等教育劳动力创造的边际增加值，经过初次分配后，还要经过再次分配。

下面讨论受高等教育劳动者增加的边际价值。根据 Mincer（1974）关于受教育者个体收入公式 $E_t = E_0 e^{rs+\beta_1 t-\beta_2 t^2}$，有 $\beta_1 > 0$，$\beta_2 > 0$，$E_S = E_0 e^{rs}$ 为受教育年限为 s 的劳动力毕业就开始工作的收入，E_0 为没有接受教育的劳动力开始工作的工资。一般情况下，设受教育者自 6 岁开始上学，接受 12 年教育后，该个体的年龄为 18 岁，完成高中教育就开始工作的劳动者起始工资为 $s = 12$ 年，$E_{s=12} = E_0 e^{12r}$。受教育 12 年，工作第 i 年的收入（当年价格）为 $E_{s,\ i} = E_0 e^{12r+\beta_1 i-\beta_2 i^2}$。

受 12 年教育，完成高中教育的劳动力，如果物价指数为 p，则工作 4 年获得收入折算为其工作第 4 年（相当于大学毕业时）价格的总收入 $TE_{12,\ 1to4}$ 为

$$TE_{12,\ 1to4} = \sum_{i=1}^{4} E_{s,\ i}\,(1+p)^{4-i} \tag{2.27}$$

对于在高中毕业后继续接受高等教育的人来说，$TE_{12,\ 1to4}$ 是接受 4 年高等教育的成本之一即机会成本。

如果一个人的退休年龄为 T_r（当前，正常情况下，我国男性 60 岁，女性 55 岁），从工作的第 5 年到退休，获得总税前收入为

① 马克思，恩格斯. 马克思恩格斯选集：第 3 卷［M］. 2 版. 北京：人民出版社，1995：302-303.

$$\mathrm{TE}_{12,\ 5to(T_r-18)} = \sum_{i=5}^{T_r-18}\left[E_{s,\ i}/(1+p)^{i-4}\right] = \sum_{i=5}^{T_r-18}\left[E_0 e^{12r+\beta_1 i-\beta_2 i^2}/(1+p)^{i-4}\right]$$
$$= \sum_{i=1}^{T_r-22}\left[E_0 e^{12r+\beta_1(i+4)-\beta_2(i+4)^2}/(1+p)^{i}\right] \tag{2.28}$$

如果这个主体在接受高中教育后仍然继续接受 4 年高等教育，则其工作的税前起始工资为 $E_{s=16}=E_0 e^{16r}$，$s=16$ 年，工作第 i 年收入为 $E_{s,\ i}=E_0 e^{16r+\beta_1 i-\beta_2 i^2}$，假定接受 4 年高等教育的劳动者年龄为 22 岁，工作总时间为（T_r-22）年，工作所获得总税前收入（开始工作时的价格计价）为

$$\mathrm{TE}_{16,\ 1to(T_r-22)} = \sum_{i=1}^{T_r-22}\left[E_{s,\ i}/(1+p)^{i}\right] = \sum_{i=1}^{T_r-22}\left[E_0 e^{16r+\beta_1 i-\beta_2 i^2}/(1+p)^{i}\right] \tag{2.29}$$

在工作的相同时期内，即高中毕业生在工作的第 5 年至退休年龄 T_r，接受了 4 年高等教育的人从工作第 1 年到退休年龄 T_r，在这段时间，受高等教育劳动者多获得的税前收入（surplus income before tax，SIBT），将其折算为受高等教育毕业时计价为

$$\mathrm{SIBT} = \mathrm{TE}_{16,\ 1to(T_r-22)} - \mathrm{TE}_{12,\ 5to(T_r-18)} \tag{2.30}$$

$$\mathrm{SIBT} = \sum_{i=1}^{T_r-22}\left[E_0 e^{16r+\beta_1 i-\beta_2 i^2}/(1+p)^{i}\right] - \sum_{i=5}^{T_r-18}\left[E_0 e^{12r+\beta_1 i-\beta_2 i^2}/(1+p)^{i-4}\right]$$
$$= \sum_{i=1}^{T_r-22}\left[\left(E_0 e^{16r+\beta_1 i-\beta_2 i^2} - E_0 e^{12r+\beta_1(i+4)-\beta_2(i+4)^2}\right)/(1+p)^{i}\right]$$
$$= E_0 e^{12r}\sum_{i=1}^{T_r-22}\left[e^{\beta_1 i-\beta_2 i^2}\left(e^{4r} - e^{4\beta_1-(16+8i)\beta_2}\right)/(1+p)^{i}\right] \tag{2.31}$$

设 $D(r,\ i)\equiv e^{4r}-e^{4\beta_1-(16+8i)\beta_2}$，当 $r\geqslant\beta_1-6\beta_2$ 时，$D(r,\ 0)\geqslant 0$。

$\partial D(r,\ i)/\partial i = 8\beta_2 e^{4\beta_1-(16+8i)\beta_2}>0$，$e^{\beta_1 i-\beta_2 i^2}\left(e^{4r}-e^{4\beta_1-(16+8i)\beta_2}\right)>0$，当 $i\in[1,\ T_r]$ 时，正常情况下，在相同的工作时间内，接受高等教育的劳动者收入比只接受高中教育的劳动者的收入高。

否则，当 $r<\beta_1-6\beta_2$ 时，$D(r,\ 0)<0$，接受了高等教育的劳动者开始工作时的收入有可能低于只接受高中教育、已经工作 4 年的劳动者，这种情况有可能存在，且会极大地抑制高等教育的需求。虽说 $D(r,\ i)\equiv e^{4r}-e^{4\beta_1-(16+8i)\beta_2}$ 是关于工作年限 i 的增函数，即收入差距会逐渐减小，甚至受高等教育的劳动者的收入超过后者，但显然大大降低了高等教育投入的经济收益。故假定 $r\geqslant\beta_1-6\beta_2$ 较为合理，这也为不同学历的劳动者的基本收入制度设计提供了启示。

结合上述公式，接受高等教育的劳动者与仅仅接受高中教育的劳动者的实际收入差距，与教育年限收益率 r、价格指数 p、退休年龄 T_r 和未受教育者的起始工资 E_0 等有关系，对各因素变化及其对高等教育投入的影响分析安排在

第6章。

与仅仅接受高中教育的劳动者相比，接受4年高等教育的个体获得的增加税前收入，因为接受高等教育、文化技能素质提高而获得的增加税前收入在个体、政府之间是如何再次分配呢？这与各国（各地）的税收体制有关系。

为了实际应用和实证分析，将式（2.26）内容具体化，这里从高等教育增加产出的分配视角，对我国高等教育投入中政府和私人分担的比例进行探讨①。假定因为受过高等教育而增加边际产出要承担所得税（income tax）、消费商品和服务时要承担流转税（turnover tax），对受过高等教育劳动者增加的收入分配具体划分进行分析。设对应的所得税率为t_i，流转税率为t_τ，假定缴纳所得税后的收入全部用于购买商品和服务，则接受4年高等教育增加的收入在个体和政府之间的分配格局是：政府通过税收获得的价值$V_g \equiv t_i \mathrm{SIBT} + \mathrm{SIBT}(1-t_i)t_\tau = \mathrm{SIBT}(t_i + t_\tau - t_i t_\tau)$；个体获得的净收入为$V_p \equiv \mathrm{SIBT}(1 - t_i - t_\tau + t_i t_\tau)$。

如果不考虑社会收益，仅从经济收益角度，本着等量投资获取等量收益的投资分配逻辑，政府与个体获得的收入比例为

$$\begin{aligned} V_g : V_p &= \mathrm{SIBT}(t_i + t_\tau - t_i t_\tau)/\mathrm{SIBT}(1 - t_i - t_\tau + t_i t_\tau) \\ &= (t_i + t_\tau - t_i t_\tau)/(1 - t_i - t_\tau + t_i t_\tau) \end{aligned} \tag{2.32}$$

或者说，政府承担高等教育成本的$100(t_i + t_\tau - t_i t_\tau)\%$，受高等教育者私人应承担教育成本的$100(1 - t_i - t_\tau + t_i t_\tau)\%$。可见，受高等教育劳动者增加的边际产出的一国收入分配体制相应决定了高等教育成本的分担方式。

2.5.2 高等教育投入分担比例的变动

当然，对高等教育的投入，政府既要分析经济效应，也要考虑高等教育的社会效应。如果将高等教育对政府的经济效应和社会效应都考虑进来，视为政府高等教育的投入总收益的话，那么，政府对高等教育投入比例就应该提高。

另外，政府对高等教育投入的意愿受到高等教育投入效率、投入资源总量的影响。高等教育投入收益率低于物质资本投入收益率，必然抑制家庭、政府对高等教育投入的积极性。当社会资源有限时，如资本不足、劳动力短缺，即使高等教育投入在短期能刺激消费，但家庭、政府仍可能不会大力增加高等教育投入，而是首先满足物质资本的投入，因为高等教育投入的短期效应是建立

---

① 在初次分配中，有的受过高等教育劳动者的产出价值也许因分配制度一部分划归国家或社会，广义地说，这也是一次纳税，在具体研究中可根据实际分配状况对分配比例进行确定。

在物质生产正常扩张的资源充足的基础上的。

在经济发展水平存在较大差异的区域之间，政府、家庭高等教育投入比例会出现变动。在区域之间，由于经济发展程度不同，产业结构存在差异，同等教育程度的劳动力的产出效率和产出水平不同，相对于接受高中教育劳动者增加的产出不同，劳动力的收入水平区域差距很大，政府、家庭对高等教育投入的收益率、物质资本收益率及它们的收益率关系不同，必然影响各地政府财政和家庭对高等教育投入的积极性。

高等教育投入收益具有较长的时间周期，导致高等教育的投入者和受益者可能分离，这一客观特性影响了高等教育的投入。高等教育的这一特点必然形成高等教育投入与收益的代际性转移和区域性转移。前者是指在家庭中，高等教育投入由上一代承担，而收益主要由后一代——接受高等教育者获取；后者针对政府财政对高等教育的投入，由于接受高等教育的劳动力的流动，人们接受高等教育的地区和未来工作的区域不同，基于现行我国高等教育投入和税收体制的地方性限制，出现了高等教育成本承担和收益获取的地方政府变换的问题。这表现为经济落后地区的政府支付高等教育投入成本，劳动者流动到经济发达地区，最终受益的却是经济发达地区的政府，高等教育投入者——经济落后地区的政府却得不到应得的收益。这一矛盾对现行的高等教育投入机制产生冲击，制约着我国经济落后地区政府高等教育投入的积极性，恶化了我国高等教育投入的不平衡问题，不利于高等教育持续均衡发展。

对待不同的高等教育机构的政府资助差异，导致政府财政与家庭在高等教育投入分担比率上的巨大差异。在现有的高等教育投入体制下，不同高等教育机构获取政府财政投入的力度不同。一般来说，在同一区域，教育部直属的高等学校比各地方高校获得的财政投入多，公立高等学校获取的财政投入比民办高等学校获得的财政投入多。如果从将来收益角度考虑，相对于民办高等学校，教育部直属高校、公办高校的学生产出必须更高一些，否则，就会出现投入产出的不一致。

本章小结

本章介绍了研究中涉及的人力资本理论。舒尔茨认为人力资本是相对于物质资本或非人力资本而言的，是体现在人身上的可以提供未来收入的一种资本，是人类自身在经济活动中获得收益并不断增值的能力。它可以表现为个人所具有的才干、知识技能和资历，劳动者这种能力是生产增长诸要素中的主要因素。现有对人力资本的衡量方法分为三种：投入总量核算法、受教育年限法和产出价值法。

高等教育投入与高等教育发展水平相联系，反映了高等教育投入的来源和变化、高等教育经费总额、高等教育经费占 GDP 比例、高等教育学生平均经费、高等教育学生个人负担经费占平均经费的比例等指标反映了高等教育投入力度。在探讨高等教育投入影响因素时必然涉及高等教育成本的构成，为了履行高等教育的使命，政府和高等教育接受者两大主体承担了高等教育的绝大部分投入。一般而言，高等教育接受者自己负担的部分包括学费、书本费、住宿费、因就学未工作失去的工资收入（机会成本）；国家和社会团体负担一部分费用。在不同国家和不同历史时期，由于高等教育投入机制变动，两大主体对高等教育负担的比例在不断变化。

高等教育在经济上的效应表现为宏观和微观两个方面。高等教育培养了大量的高素质人才，扩大了人力资本存量，是经济规模增长的重要源泉，促进了生产要素效率的提高。对于微观个体来说，接受了高等教育的劳动者，其知识较丰富，技能水平较高，将会获取更多的经济收入。具体表现为伴随着劳均人力资本存量的增长，劳均生产总值在不断扩大；在社会发展方面，人们受教育水平的提升，提高了修养和文明程度，社会治理成本相对下降，科技进步水平相对提高。

高等教育的发展规模持续扩大，由传统的精英教育、大众化教育逐渐转向普及化高等教育，高等教育投入不断上升，对高等教育投入的分担显然会提上日程，根据高等教育收益格局对投入进行理论探索十分必要。因此，本书在市场经济条件下，遵循投入收益逻辑创新性地分析了高等教育投入分担的理论模型，在实现我国高等教育战略规划、兼顾区域间高等教育发展差异及投入收益分割矛盾的基础上，对未来高等教育投入的分担提供理论借鉴。

3 我国高等教育的发展及投入现状

中华人民共和国成立以来，我国高等教育取得巨大的成绩。自 1952 年以来，高等教育为国家培养了大量的中高级人才，不断地适应经济社会发展的需要，促进了我国现代化建设进程。

3.1 我国高等教育发展现状

这里从绝对水平和相对水平两个方面来介绍我国高等教育的发展现状。

3.1.1 我国高等教育发展的规模

我国高等教育在高校数量、专任教师人数、在校生数、历年招生人数和毕业生数等方面，规模不断扩大。

我国高等教育学校数量由 1952 年的 201 所逐渐增加到 2009 年的 2 305 所，增长了 10.5 倍，在几十年中，平均每年增加了 37 所普通高等学校。具体情况如表 3.1 所示。

表 3.1 我国普通高等学校数量 单位：所

年份	1952	1957	1962	1965	1970	1975	1978	1980	1985	1986	1987
学校数量	201	229	610	434	434	387	598	675	1 016	1 054	1 063
年份	1988	1989	1990	1991	1992	1993	1994	1995	1996	1997	1998
学校数量	1 075	1 075	1 075	1 075	1 053	1 065	1 080	1 054	1 032	1 020	1 022
年份	1999	2000	2001	2002	2003	2004	2005	2006	2007	2008	2009
学校数量	1 071	1 041	1 225	1 396	1 552	1 731	1 792	1 867	1 908	2 263	2 305

资料来源：《中国统计年鉴》（1996—2010 年）中关于教育统计的历年各级各类学校数。

根据表3.1中资料，近几十年来，我国普通高等学校数量整体上来说呈增长之势。但是，我国普通高等教育学校数量却经历了五次增长、四次滑落的变更。五次增长时期分别为1952—1962年、1978—1988年、1993—1994年、1998—1999年、2001—2009年，普通高等学校数量四次滑落时期分别为1965—1975年、1991—1992年、1995—1997年、1999—2000年。其中，1952—1962年，普通高等学校数量增加了2倍多，在当时物力、人才较缺乏的情况下，扩张速度非常快。而在1965—1975年，我国普通高等学校数量急剧减少，极大地制约了我国高等教育的发展。1978—1988年是我国高等教育发展、扩张幅度较大时期。1989—2000年为我国高等教育整顿、调整的关键时期。21世纪以来，我国高等教育进入了快速发展时期，学校数量几乎翻了一番。普通高等学校数量演变虽然不能准确反映每所学校规模和高等教育发展整体规模变化，但从一定角度反映了我国高等教育发展的变化历程。

我国高等教育投入的主要人力——教师数量不断增长。在1952年，我国高等学校教师数量为2.7万人，到2009年增长到129.5万人，增加了近47倍。通过图3.1分析，可以发现：我国高等学校教师数量基本上呈单调递增之势，其中有两个迅速增长时期，一是1952—1987年，由2.7万人逐渐上升到38.5万人，增加了13.3倍；1988—1998年，我国高等学校教师数量处于细微的增长中，仅由1988年的39.3万人，增长到1998年的40.7万人，在图3.1中基本上没有明显变化；1999年至今，我国高等学校教师数量进入第二个迅速增长时期，由1998年的40.7万人，增长到2009年的129.5万人，增长了2.2倍。

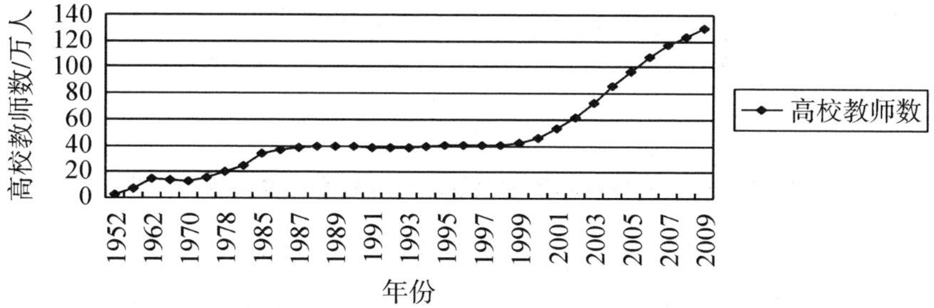

图3.1　中国高等学校教师数量变化

资料来源:《中国统计年鉴》(1996—2010年)。

我国高等教育在校学生和历年高等教育招生数量发生了巨大变化。1952—2009年，我国高等教育在校生增长了111.3倍。1952年，我国高等教育在校生为19.1万人，到2009年，我国高等教育在校生为2 144.7万人，具体变化情况如图3.2所示。1952—1965年，高等教育在校生增长到67.4万人，增长速度很慢，而在1970年，在校生人数却减少到4.8万人，此期间高等教育人数处于波动状态。1975—1998年，高等教育在校生数处于较快增长时期，由1975年的50.1万人，增长到1998年的340.9万人，平均每年增加12.6万人。1999—2009年，是我国高等教育在校生数快速增长时期，1998—2009年，高等教育在校生增加了1 803.8万人，高等教育在校生平均每年增长近164万人，在这一时期，我国高等教育由传统的精英教育阶段逐步过渡到高等教育大众化阶段。

分析我国高等教育历年招生数量变化情况，更能准确反映我国高等教育发展进程。1952—2009年，我国平均每年高等教育招生人数增加了667.1万人，由1952年高等教育招生7.9万人，到2010年增长到662万人，每年招生人数扩大了84.4倍，不断满足社会经济发展对高等教育的需求。通过图3.2可以发现：我国高等教育在校生数与招生数存在明显同步性，在20世纪70年代都出现了波动，在20世纪80年代以前呈缓慢增长之势；21世纪初，高等教育招生人数快速增长。近年来，招生人数处于高位，但增长速度逐渐放缓。

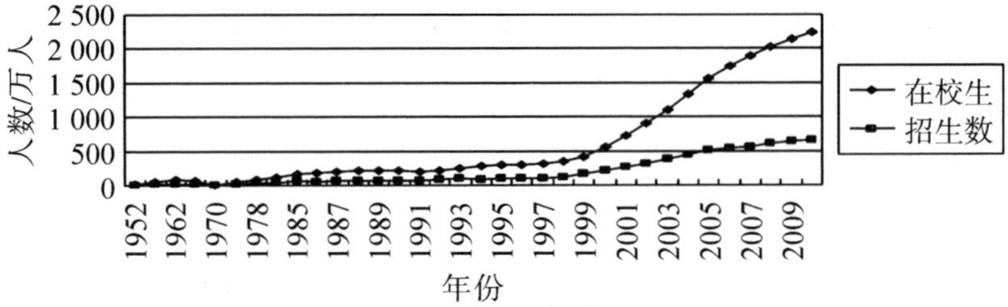

图3.2　1952—2009年我国高等教育在校生人数和招生人数

我国高等教育直接产出之一——历年毕业生数量不断上升。高等教育投入的目的之一，就是尽可能培养更多的受过高等教育的劳动者。因此，历年高等教育毕业生是描述高等教育发展结果——产出规模的有效指针。通过收集统计资料发现，1952—2011年，我国高等教育毕业生人数增长了202倍，1952年高等教育毕业生数量为3.2万人，到2010年达到630万人，2011年增长到650万人。如图3.3所示。

在20世纪80年代之前，我国高等教育毕业生数增长极其缓慢，1952—1980年，高等教育毕业生数才达到14.7万人且出现波动。在20世纪80年代至2000年，我国高等教育毕业生数处于较快增长时期，2000年高等教育毕业生数达到95万人。进入21世纪以来，我国高等教育毕业生数量迅速增长，由2001年的103.6万人，增长到2011年的650万人。自20世纪70年代以来，我国高等教育培养的毕业生总数超过5 380万人。

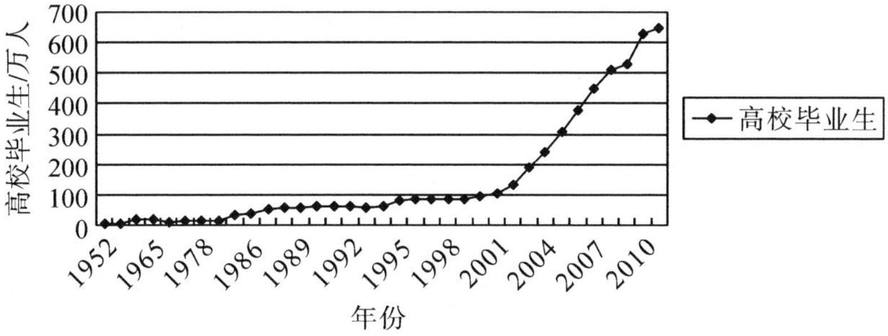

图3.3　1952—2011年我国高等教育毕业生数

3.1.2　我国高等教育发展的相对水平

上文介绍了1952年以来我国高等教育的规模变化。绝对规模的扩大在一定程度可以从纵向角度反映一国或地区高等教育的发展状况。但是，绝对规模在不同国家横向上，甚至在时间纵向上也难以进行比较，因为不同国家或地区的人口数量存在差异、同一国家或地区的不同时期人口规模发生了变化。一些相对指标如生师比、升学率、每十万人口高等教育在校生、每十万人口中受高等教育人数等，不仅可以在时间纵向上反映一国或地区的高等教育发展状况，而且可以用来横向分析不同国家或地区的高等教育发展水平，反映一国或地区高等教育投入的力度、质量和成绩。

高等学校生师比是指在一定时期高等学校在校生数量与教师数量的比例。该指标反映一定时期，在既定的在校生规模下，高等教育的主要人力——教师的投入力度，也间接反映了一国或地区高等教育质量，因为配备数量合理的高校教师是影响高等教育人才培养质量的重要因素之一。

从图3.4可知，我国高等学校生师比在波动中上升。1952年，我国高等学校生师比为7.1，随后逐年下降为1978年的4.2；1978—1993年，高等学校生师比缓慢上升，由4.2上升到1992年的5.6；接着，1993—2006年，我国高等学校生师比进入快速增长期，由1993年的6.5上升至2006年的17.8，2007年之后，高等学校生师比在高位保持较为平稳状态。近年来高等学校生师比扩大，高等学校办学规模增长迅速，投入资源增长速度相对缓慢，许多高校对人力投入极力压缩，这是导致高等学校教学质量整体下滑的重要原因之一。

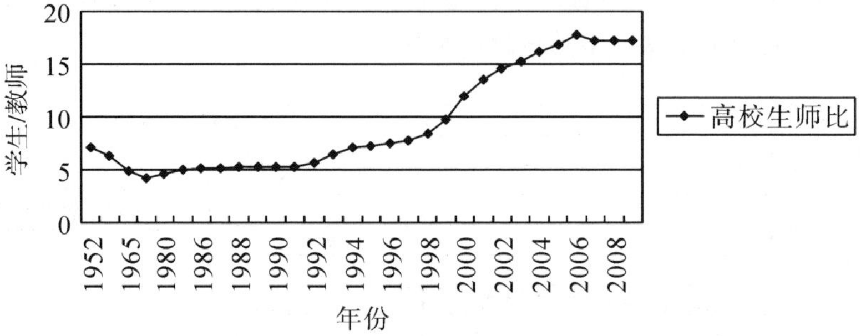

图 3.4　中国高等学校生师比

高等学校升学率，狭义上，表示高中毕业学生进入高等学校学习的比例，广义上，则表示适龄青少年进入高等学校学习的比例。前者可以利用历年高等学校招生数与高中毕业生的比值计算，后者就必须借助人口统计的适龄人口数量、高等学校招生数量来计算。这里，从狭义角度计算1952—2009年我国高等学校升学率，了解我国高等教育发展的深度。

从图3.5可知，除1952年我国高等学校招生人数大于高中毕业生外，其余时间高中毕业生升学率出现几次显著的波动。20世纪60年代，高中毕业生升学率逐渐上升，1965年达到0.46，但那时初中升学率较低，所以适龄学生进入高校学习的比例仍然较低。20世纪70年代，我国高中毕业生进入高校学习的比例非常低，如1978年为6%，1980年为5%。1980—1998年，高中毕业生升学率逐渐提高到1998年的43%。其后，自1999年我国高等教育大幅度扩招后，高中毕业生升学率处于70%以上的高位。近年来，我国基础教育普及率、初中升学率也大大提高，高等学校升学率较高。这是否说明我国适龄青少年进入高等学校接受教育的比例非常高呢？其实，虽然我国应届高中毕业生升入高等学校学习的比例达到60%~70%，但是，适龄青少年进入高等学校学习的比例仍然很低。如表3.2所示，1991年以来，我国高等教育毛入学率提高很快，2010年达到26.5%，相对于1991年，提高了23个百分点，我国适龄青少年进入高等学校学习的机会增多，但还是有很大的提升空间。

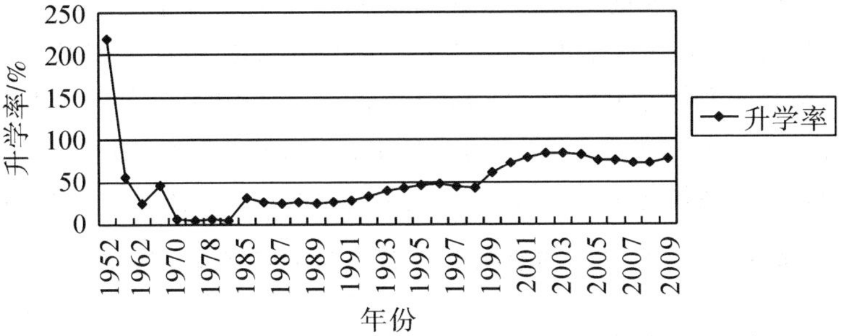

图 3.5　1952—2009 年我国高中毕业生升学率

表 3.2　按适龄人口计算我国高等教育升学率　　单位:%

年份	1991	1992	1993	1994	1995	1996	1997	1998	1999	2000
毛入学率	3.5	3.9	5	6	7.2	8.3	9.1	9.8	10.5	12.5
年份	2001	2002	2003	2004	2005	2006	2007	2008	2009	2010
毛入学率	13.3	15	17	19	21	22	23	23.3	24.2	26.5

注：表 3.2 中 1991—2009 年数据来自中华人民共和国教育部网站“各级教育毛入学率”统计数据。2010 年数据来自人民网 2011 年 3 月 28 日数据。

在我国，适龄人口接受高等教育人数逐年增加。如图 3.6 所示，高等学校在校生数由 1952 年的 33 人/10 万人口，逐渐增长为 1998 年的 273 人/10 万人口，这一时期增长幅度比较小；在高等教育加快发展以后，增长幅度扩大，由 1999 年 328 人/10 万人口，增加到 2009 年的 2 128 人/10 万人口。

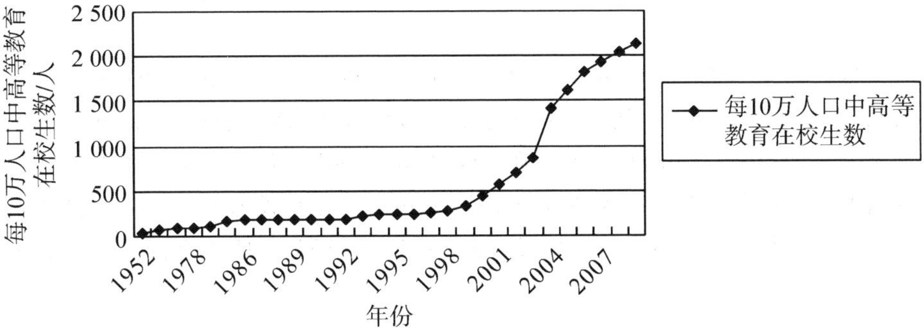

图 3.6　1952—2009 年我国每 10 万人口中高等教育在校生数

随着我国高等教育的发展，每10万人口中接受过高等教育的人口数量不断增长。如表3.3所示，根据《中国统计年鉴》，我国1964年每10万人口中，接受高等教育的人数为416人；到1990年，达到每10万人口中有1 422人接受了高等教育；在2009年，每10万人口中，已经有7 287人接受了高等教育。1964—2009年，我国每10万人口中接受了高等教育的人数增长了16.5倍。

表3.3 1964—2009年我国每10万人口中接受高等教育人口数

单位：人

年份	1964	1980	1990	1996	1997	1998	1999	2000	2003	2004	2005	2006	2007	2008	2009
人数	416	615	1 422	2 229	2 737	2 792	3 090	3 611	5 487	5 769	5 562	6 219	6 557	6 704	7 287

注：表中数据根据《中国统计年鉴》（1997—2010年）抽样调查的6岁及6岁以上人口中大专以上人口数计算而来。

3.2 我国高等教育投入总体状况

在近二十多年间，我国高等教育总投入经费增长迅速，增长幅度很大。1992年，我国高等教育总投入约为117亿元，而2008年为4 346亿元，不考虑价格变化因素，1992—2008年，我国高等教育投入增长了36倍。如果考虑价格变化，利用城市居民消费价格指数折算为1991年的价值，1991—2008年，我国高等教育总投入也增长了15倍。

我国高等教育总投入经费占全国教育总投入比例也在不断提高，1996年，我国高等教育总投入占全部教育投入的16.26%，随后逐年提高，到2008年时为30%。

自1996年以来，按当年价计算，我国高等教育投入总量由367.9亿元增长到2008年的4 346.88亿元，增长了近11倍。在同期，高等教育的财政投入总量由1996年的289亿元，增长到2008年的2 062.5亿元，增长了6.14倍，在高等教育投入中财政投入部分由1996年占高等教育投入的78.6%，递减到2008年财政投入只占高等教育总投入的47.4%，下降了31.2个百分点。具体如图3.7所示。

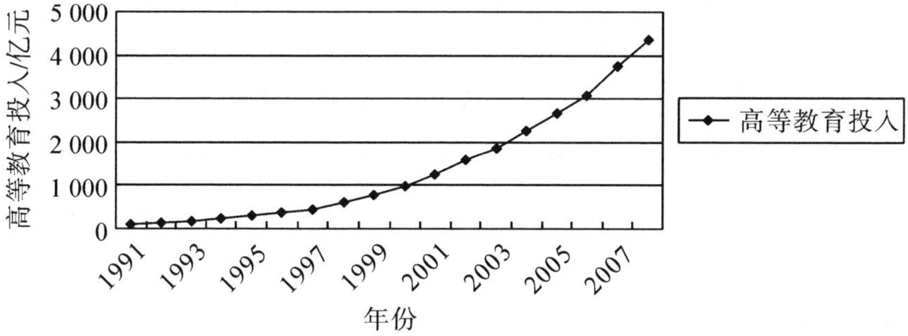

图 3.7　我国高等教育投入经费

在高等教育投入中，预算投入份额不断减少，由 1996 年的 67.4%，到 2008 年下降为 46%，下降了 21.4 个百分点。在高等教育投入中，社会团体资助和社会捐赠，除少数几年外，所占比重变化不大。我国高等教育投入来源结构如表 3.4 所示。

表 3.4　我国高等教育投入来源结构

年份	高等学校经费合计/亿元	财政经费占比	预算经费占比	社会团体资助占比	社会捐资占比	学费杂费占比
1996	367.90	0.786	0.674	0.004	0.01	0.151
1997	436.28	0.765	0.652	0.004	0.01	0.163
1998	598.12	0.642	0.594	0.004	0.02	0.143
1999	764.65	0.618	0.581	0.005	0.02	0.180
2000	983.14	0.573	0.539	0.009	0.02	0.220
2001	1 247.55	0.534	0.507	0.020	0.01	0.250
2002	1 583.21	0.497	0.477	0.026	0.02	0.269
2003	1 873.68	0.468	0.448	0.041	0.01	0.293
2004	2 257.65	0.447	0.428	0.058	0.01	0.307
2005	2 657.86	0.425	0.406	0.068	0.01	0.315
2006	3 057.77	0.426	0.408	0.077	0.01	0.296
2007	3 762.30	0.438	0.425	0.008	0.01	0.340
2008	4 346.88	0.474	0.460	0.007	0.01	0.339

数据来源：《中国统计年鉴》（历年）中教育经费数据。

在普通高等学校投入中，学杂费所占比重增长幅度较大。如表 3.5 所示，在 1996 年占 13.7%，2008 年迅速增长到 33.7%，提高了 20 个百分点，普通高校在校学生通过学杂费等形式承担的费用所占比重增长较快。

表 3.5 我国普通高等学校投入中学杂费所占比重

年份	1996	1997	1998	1999	2000	2001	2002	2003	2004	2005	2006	2007	2008
比重	0.137	0.148	0.133	0.17	0.211	0.242	0.263	0.288	0.304	0.311	0.292	0.337	0.337

注：表中数据根据《中国统计年鉴》（历年）中普通高等学校财政经费与在校生数量数据计算而来。

普通高等学校生均投入有较大波动。计算普通高等学校生均投入、生均财政投入，并观察它们的变化情况，以清晰比较不同年份普通高等学校生均投入。笔者计算了普通高等学校生均当年价投入和以 1991 年价格为不变价格的生均投入。

我国普通高等学校生均当年价投入波动较大。如图 3.8 所示，上面的曲线为普通高等学校生均当年价投入，自 1991 以来，当年价生均投入出现了两个阶段的上升。第一个阶段是 1991—1998 年，由 1991 年的生均投入 5 153 元，增长到 1997 年的 12 302 元，按当年价，该期间生均经费增长了 1.39 倍。1998—2006 年，我国普通高等学校生均投入当年价基本保持平缓状态。2007—2008 年，以当年价，我国普通高等学校生均投入又经历一次快速增长。

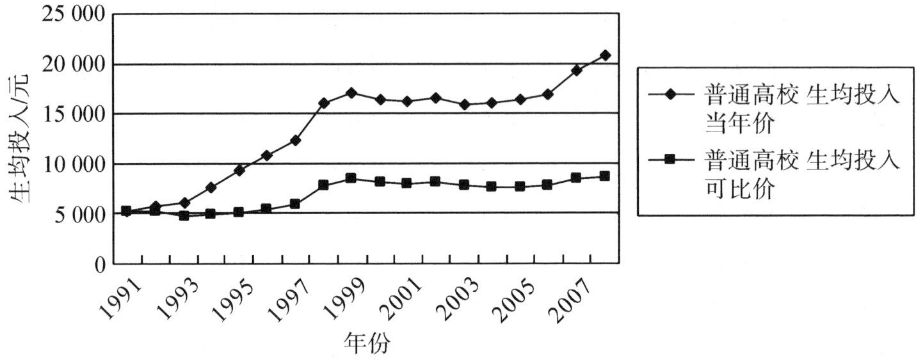

图 3.8 我国普通高等学校生均投入

按照可比价格，1991—1997 年的普通高等学校生均投入基本上没有变化，与按当年价计算的生均投入形成明显的区别；1998—2008 年，生均投入在较高水平下保持平稳。

与总生均投入经费相对应，我国普通高等学校生均财政投入出现较大的波动。按当年价计算，如图 3.9 所示，1991—1998 年，普通高等学校生均财政投入呈不断上升之势，由 1991 年生均为 4 747 元，到 1998 年上升为 10 465 元，随后又不断下降为 2005 年的 6 985 元，以后缓慢上升，2008 年为 9 913 元，仍低于最高峰 1998 年的 10 465 元。

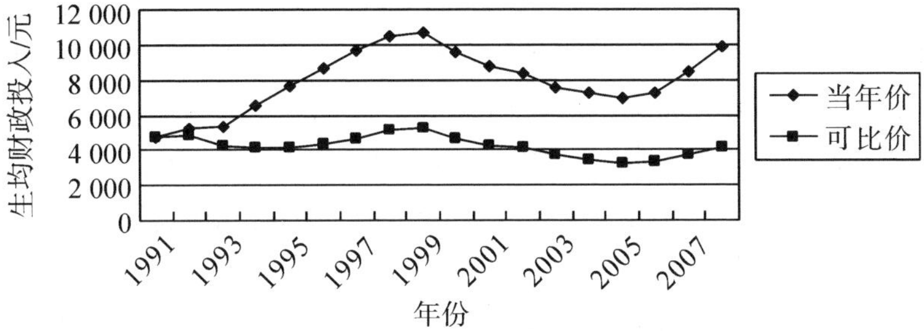

图 3.9 我国普通高等学校生均财政投入

如果以 1991 年价格为不变价格，对普通高等学校生均财政投入进行可比性折算，发现我国普通高等学校生均财政投入经历了微小的波动。1991—1995 年，按可比价计生均财政投入呈下降之势，由 1991 年的 4 747 元，下降为 1995 年的 4 144 元；1996—2000 年表现为轻微上升，由 1996 年的 4 339 元，逐渐上升为 1999 年的 5 992 元；2000—2005 年，普通高等学校可比价的生均财政投入逐年下降，由 2000 年的 4 678 元，下降为 2005 年的 3 240 元；此后，普通高等学校可比价的生均财政投入缓慢上升，由 2006 年的 3 310 元，上升为 2008 年的 4 105 元。

3.3 我国各地高等教育投入状况的比较

了解我国各地高等教育发展状况，有利于进一步促进其持续发展。下面对我国各地高等教育在校生人口密度、投入来源、投入力度及其相互之间的关系进行分析。

3.3.1 高等教育在校生人口密度

每 10 万人口中高等教育在校生数——在校生人口密度，反映了一国或地区适龄青少年接受高等教育的机会，也反映了当地高等教育的发展程度。

1998 年以来，我国高等教育在校生数量迅速增长。在 1998 年每 10 万人口中高等教育在校生只有 273 人，到 2003 年就达到 858 人，2009 年每 10 万人口中高等教育在校生为 2 128 人，相对于 1998 年增长了 6.8 倍。

我国地区之间高等教育在校生数量及其变化差别很大。首先，1998—2009 年，我国各地高等教育在校生数量都迅速增加，原来发展较好的地区如北京、上海等地增长倍数相对小些，而原来发展基础较薄弱的地区增长倍数普遍很大，如河南、海南、安徽、山东、内蒙古、江西、西藏和四川等地分别增长了 8.2、8.2、7.4、7.2、7.0、7.0、6.6 和 6.1 倍。在每 10 万人口中，各地高等教育在校生数量悬殊，北京、天津等地为全国平均水平的两倍多，但贵州、云南、青海却只有全国平均水平的 50%左右。具体如表 3.6 所示。

表 3.6　我国各地每 10 万人口中高等教育在校生数

地 区	1998 年	2003 年	2006 年	2009 年	2009年比1998 年增长倍数	与全国平均数的比值（以 2009 年计）
全国	273	858	1 323	1 607	4.9	1
北京	1 709	3 121	3 579	3 343	1.0	2.08
天津	822	2 425	3 324	3 305	3.0	2.06
河北	220	850	1 251	1 508	5.9	0.94
山西	240	824	1 323	1 597	5.7	0.99
内蒙古	181	662	1 055	1 453	7.0	0.90
辽宁	479	1 221	1 687	1 974	3.1	1.23
吉林	446	1 182	1 598	1 938	3.3	1.21
黑龙江	332	1 028	1 549	1 853	4.6	1.15
上海	1 128	2 212	2 569	2 669	1.4	1.66
江苏	370	1 161	1 730	2 140	4.8	1.33
浙江	255	1 035	1 446	1 673	5.6	1.04
安徽	170	640	1 086	1 432	7.4	0.89
福建	258	738	1 297	1 672	5.5	1.04
江西	225	843	1 776	1 790	7.0	1.11
山东	205	834	1 437	1 682	7.2	1.05
河南	157	576	1 037	1 443	8.2	0.90
湖北	356	1 202	1 919	2 184	5.1	1.36

表3.6(续)

地 区	1998 年	2003 年	2006 年	2009 年	2009年比 1998 年 增长倍数	与全国平均 数的比值 (以 2009 年计)
湖南	241	806	1 309	1 587	5.6	0.99
广东	259	739	1 084	1 384	4.3	0.86
广西	166	468	821	1 088	5.6	0.68
海南	180	537	1 078	1 644	8.2	1.02
重庆	272	768	1 339	1 694	5.2	1.05
四川	179	589	1 054	1 266	6.1	0.79
贵州	116	386	590	787	5.8	0.49
云南	151	401	634	861	4.7	0.54
西藏	137	385	830	1 043	6.6	0.65
陕西	414	1 353	1 944	2 369	4.7	1.47
甘肃	214	666	1 012	1 372	5.4	0.85
青海	173	489	657	786	3.5	0.49
宁夏	210	605	926	1 209	4.7	0.75
新疆	267	763	972	1 119	3.2	0.70

注：数值由《中国统计年鉴》（历年）数据计算而来。

3.3.2 各地高等教育投入的来源

鉴于地区之间的地域幅度、经济总量、人口数量等不同，比较各地区高等教育投入差异，只有借助一些能进行横向比较的指标，如我国各地高等教育投入占当地地区生产总值比例、财政预算占高等教育投入比例、学杂费所占比例、生均经费、生均学费等指标的比较。

我国省份多，发展水平相差大。观察表 3.7，1998 以来，我国高等教育投入占国内生产总值比例由 0.007 5 上升到 2006 年的 0.013 2，提高了 0.005 7 即 0.57 个百分点。纵向比较 1998 年与 2005 年各地高等教育投入占国内生产总值比例，全国 31 个省份（不包括台湾、香港、澳门，下同）的高等教育投入占国内生产总值比例全部上升，全国高等教育投入占经济规模的比例总体上升了 77%，北京地区增长幅度较低为 9%，安徽增长幅度最大为 174%。值得注意的是，近年来各地区对高等教育投入呈缓慢下降之势，2005—2006 年，各地高等教育投入占国内生产总值的比例变化很小，有 16 个地区完全没有变动，只有北京等 5 个地区增长了 0.1%，其余 10 个地区比例下降。

表 3.7　我国各地高等教育投入占国内生产总值的比例

地区	1998 年	2005 年		2006 年	
	比例	比例	比 1998 年高/%	比例	比 2005 年高/%
全国	0.007 5	0.013 3	77	0.013 2	0.0
北京	0.037 1	0.040 5	9	0.043 3	0.1
天津	0.013 0	0.017 3	33	0.016 7	0.0
河北	0.003 9	0.007 5	92	0.007 0	−0.1
山西	0.004 9	0.008 8	80	0.009 1	0.0
内蒙古	0.004 0	0.006 2	55	0.005 8	−0.1
辽宁	0.007 5	0.013 2	76	0.012 9	0.0
吉林	0.010 9	0.016 2	49	0.014 5	−0.1
黑龙江	0.007 3	0.015 3	110	0.014 9	0.0
上海	0.013 5	0.019 3	43	0.017 8	−0.1
江苏	0.007 0	0.011 4	63	0.010 3	−0.1
浙江	0.004 3	0.010 4	142	0.011 9	0.1
安徽	0.004 3	0.011 8	174	0.011 6	0.0
福建	0.037	0.009 2	149	0.009 2	0.0
江西	0.047	0.012 6	168	0.013 4	0.1
山东	0.003 6	0.006 6	83	0.006 5	0.0
河南	0.003 9	0.007 2	85	0.007 0	0.0
湖北	0.009 2	0.020 9	127	0.019 3	−0.1
湖南	0.006 8	0.013 5	99	0.012 7	−0.1
广东	0.006 2	0.008 3	34	0.007 9	0.0
广西	0.003 7	0.008 0	116	0.007 9	0.0
海南	0.004 4	0.011 1	152	0.009 3	−0.2
重庆	0.008 4	0.016 2	93	0.016 2	0.0

表3.7(续)

地区	1998 年	2005 年		2006 年	
	比例	比例	比 1998 年高/%	比例	比 2005 年高/%
四川	0.006 5	0.013 5	108	0.013 5	0.0
贵州	0.004 5	0.010 3	129	0.010 9	0.1
云南	0.005 1	0.009 4	84	0.009 5	0.0
西藏	0.012 3	0.019 7	60	0.016 2	-0.2
陕西	0.017 1	0.026 5	55	0.023 8	-0.1
甘肃	0.007 9	0.014 3	81	0.014 1	0.0
青海	0.004 4	0.008 0	82	0.008 5	0.1
宁夏	0.005 8	0.011 2	93	0.011 6	0.0
新疆	0.005 9	0.007 7	31	0.007 8	0.0

注：表中数值根据《中国教育经费统计年鉴》（历年）各地高等教育投入和《中国统计年鉴》（历年）各地国内生产总值计算而来。

自 1998 年，我国高等教育财政预算投入所占比例急剧下降。1998—2005 年，我国高等教育预算投入比例下降了 17.31%，由 1998 年预算投入占全部高等教育投入的 49.1%，下降为 2005 年预算投入只占 40.6%。1998—2005 年，我国 31 个省份中，只有北京、上海、广东三个地区的高等教育预算投入所占比例略有上升，分别上升了 3.08%、3.85%和 5.01%，其余 28 个省份的高等教育预算投入所占比例都下降，有 27 个省份下降的百分比是两位数，只有天津下降 5.33%，下降数为一位百分数。相对来说，我国在高等教育投入中政府预算支持力度大大下降，这是我国近些年来高等教育经费普遍短缺的重要原因之一。

表 3.8　我国各地高等教育预算投入所占比例

地区	1998 年	2005 年		2006 年	
	比例	比例	比 1998 年高/%	比例	比 2005 年高/%
全国	0.491	0.406	-17.31	0.415	2.22
北京	0.455	0.469	3.08	0.501	6.82
天津	0.488	0.462	-5.33	0.493	6.71
河北	0.535	0.300	-43.93	0.355	18.33

表3.8(续)

地区	1998年	2005年		2006年	
	比例	比例	比1998年高/%	比例	比2005年高/%
山西	0.677	0.433	-36.04	0.440	1.62
内蒙古	0.603	0.464	-23.05	0.484	4.31
辽宁	0.556	0.406	-26.98	0.396	-2.46
吉林	0.585	0.483	-17.44	0.522	8.07
黑龙江	0.539	0.316	-41.37	0.336	6.33
上海	0.468	0.486	3.85	0.495	1.85
江苏	0.459	0.388	-15.47	0.423	9.02
浙江	0.410	0.365	-10.98	0.342	-6.30
安徽	0.573	0.427	-25.48	0.411	-3.75
福建	0.507	0.462	-8.88	0.457	-1.08
江西	0.503	0.261	-48.11	0.250	-4.21
山东	0.595	0.374	-37.14	0.378	1.07
河南	0.542	0.429	-20.85	0.409	-4.66
湖北	0.433	0.347	-19.86	0.365	5.19
湖南	0.426	0.332	-22.07	0.339	2.11
广东	0.399	0.419	5.01	0.402	-4.06
广西	0.513	0.420	-18.13	0.405	-3.57
海南	0.627	0.270	-56.94	0.281	4.07
重庆	0.487	0.374	-23.20	0.392	4.81
四川	0.427	0.355	-16.86	0.345	-2.82
贵州	0.621	0.439	-29.31	0.417	-5.01
云南	0.599	0.464	-22.54	0.454	-2.16
西藏	0.523	0.384	-26.58	0.380	-1.04
陕西	0.557	0.414	-25.67	0.443	7.00
甘肃	0.546	0.491	-10.07	0.497	1.22
青海	0.814	0.629	-22.73	0.679	7.95

表3.8(续)

地区	1998 年	2005 年		2006 年	
	比例	比例	比 1998 年高/%	比例	比 2005 年高/%
宁夏	0.662	0.541	−18.28	0.546	0.92
新疆	0.551	0.383	−30.49	0.451	17.75

注：1. 表中比例为各地高等教育预算投入占当地高等教育投入的比例，由《中国教育经费统计年鉴》（历年）数据计算而来；2. 变化的百分率为本年度比例相对于基年比例的变化。

2005—2006 年，我国一些地区高等教育预算投入逐渐提高，全国范围内高等教育预算投入比例提高了 2.22%，由 2005 年的 40.6%，上升为 2006 年的 41.5%。虽说大部分地区都逐渐提高了高等教育预算投入的比例，但仍然有辽宁、浙江、安徽、福建、江西、河南、广东、广西、四川、贵州、云南、西藏 12 个地区的预算投入所占比例呈下降之势。

高等教育投入中学费所占比例，反映了接受高等教育的学生的负担程度，从另一角度反映了政府对高等教育投入的大小。高等教育投入中学费比例越高，表示学生接受高等教育时承担的费用越多，政府预算投入比例相对越低。我国高等教育投入中，学费所占比例经历了由较低到迅速上升，近年来又逐渐降低的过程。如表 3.9 所示，1998 年，我国高等教育投入中学费所占比例仅为 14.6%，其中，中央部门高等学校投入中学费所占比例为 10.5%，地方高等学校投入中学费所占比例为 19.7%。比较各地高等教育投入中中央部门高等学校和地方高等学校的学费比例发现：除内蒙古以外，其余地区的中央部门高等学校学费所占比例都远比地方高等学校学费所占比例低，前者比后者几乎低 50%左右，可见，国家对中央部门高等学校的投入力度大得多，而对地方高等学校的财政投入则普遍不足。

1998—2005 年，我国高等学校投入中学费所占比例急剧上升 135.5%，各地高等学校学费占投入的比例普遍上升。上升比例最小的是宁夏为 51.5%，比例上升最大的是西藏为 1 267.2%，增长了 12.7 倍。这期间，我国高等教育接受者——学生承担费用上升幅度很大。近年来，我国高等教育学费占投入的比例缓慢下降，2006 年比 2005 年下降了 5.07%，2006 年有北京等 23 个地区的学费比例下降，但仍有河北、海南等 8 个地区的高等学校学费比例处于上升过程中，其中，海南上升的幅度竟达到 51.24%，远远高于其他地区上升的幅度。

表 3.9　我国各地高等教育学费投入所占比例

地区	1998 年			2005 年		2006 年	
	中央部门高校学费比例	地方高校学费比例	总比例	总比例	总比例比1998年高/%	总比例	总比例比2005年高/%
全国	0. 105	0. 197	0. 146	0. 343	135. 5	0. 326	-5. 07
北京	0. 069	0. 114	0. 076	0. 176	132. 8	0. 154	-12. 63
天津	0. 113	0. 214	0. 153	0. 307	100. 2	0. 266	-13. 35
河北	0. 171	0. 234	0. 215	0. 518	141. 4	0. 536	3. 47
山西	0. 134	0. 153	0. 149	0. 429	187. 3	0. 419	-2. 30
内蒙古	0. 259	0. 148	0. 156	0. 406	159. 3	0. 377	-6. 98
辽宁	0. 131	0. 188	0. 154	0. 404	162. 7	0. 368	-9. 04
吉林	0. 105	0. 182	0. 137	0. 326	137. 6	0. 320	-1. 67
黑龙江	0. 124	0. 266	0. 180	0. 388	115. 7	0. 378	-2. 48
上海	0. 079	0. 129	0. 096	0. 271	182. 2	0. 261	-3. 62
江苏	0. 103	0. 189	0. 142	0. 280	96. 5	0. 260	-7. 02
浙江	0. 108	0. 137	0. 128	0. 318	148. 9	0. 255	-19. 79
安徽	0. 107	0. 260	0. 187	0. 396	111. 3	0. 388	-1. 92
福建	0. 075	0. 217	0. 166	0. 319	92. 3	0. 317	-0. 43
江西	0. 189	0. 262	0. 232	0. 555	139. 7	0. 557	0. 26
山东	0. 125	0. 182	0. 160	0. 448	180. 1	0. 407	-9. 10
河南	0. 146	0. 226	0. 201	0. 437	117. 5	0. 435	-0. 52
湖北	0. 131	0. 303	0. 180	0. 432	139. 9	0. 391	-9. 48
湖南	0. 157	0. 302	0. 228	0. 438	92. 2	0. 419	-4. 33
广东	0. 077	0. 183	0. 137	0. 311	126. 7	0. 326	4. 82
广西	0. 194	0. 282	0. 268	0. 427	59. 3	0. 420	-1. 52
海南	0. 091	0. 235	0. 200	0. 339	69. 5	0. 513	51. 24
重庆	0. 206	0. 235	0. 213	0. 355	66. 8	0. 377	6. 16
四川	0. 081	0. 235	0. 126	0. 336	165. 5	0. 337	0. 43
贵州	—	0. 173	0. 173	0. 406	134. 6	0. 413	1. 63
云南	0. 087	0. 086	0. 086	0. 368	326. 9	0. 334	-9. 15

表3.9(续)

地区	1998年			2005年		2006年	
	中央部门高校学费比例	地方高校学费比例	总比例	总比例	总比例比1998年高/%	总比例	总比例比2005年高/%
西藏	—	0.009	0.009	0.121	1 267.2	0.134	10.67
陕西	0.103	0.198	0.122	0.346	183.3	0.337	-2.35
甘肃	0.127	0.239	0.171	0.335	96.4	0.328	-2.28
青海	—	0.116	0.116	0.290	150.3	0.266	-8.08
宁夏	0.138	0.205	0.195	0.295	51.5	0.268	-9.04
新疆	0.108	0.219	0.189	0.373	97.5	0.326	-12.46

注：1. 表中数值由《中国教育经费统计年鉴》（历年）数据计算而来。2. 总比例=中国高等教育学费/全国高等学校总投入。

3.3.3 各地高等教育投入的力度

为了深入分析各地对高等教育投入的经济努力程度和高等教育发展规模程度，考虑到各地经济发展规模、高等教育学生数在全国所占比例，这里引入两类相对指标：第一类参考各地经济发展水平的相对指标，为经济发展水平下的高等教育投入密度，引入地区高等教育投入密度（density of input in higher education，DENI）和地区高等教育预算投入密度（density of budget input in higher education，DENBI）指标；第二类参考各地高等教育在校生规模的相对指标，融合了全国和各地生均经费、生均预算投入，为各地高等教育发展规模下的投入深度，引入地区高等教育投入深度（deepness of input in higher education，DEEI）和地区高等教育预算投入深度（deepness of budget input in higher education，DEEBI）指标。

第一类参考各地经济发展水平的相对指标——地区高等教育投入密度和地区高等教育预算投入密度。

$DENI_i$=（第i地区高等教育投入/全国高等教育投入）/（第i地区生产总值/国内生产总值）

地区高等教育投入密度，表示各地区在既定经济水平高等教育投入的力度，说明地区在一定的经济能力下，对高等教育投入的力度。该指标值大于1，表示该地区在现有经济规模下对高等教育投入的力度高于全国平均水平；若该指标值小于1，表示该地区在现有经济规模下对高等教育投入的力度低于全国平均水平。

DENBI$_i$ = （第 i 地区高等教育预算投入/全国高等教育预算投入）/（第 i 地区生产总值/国内生产总值）

地区高等教育预算投入密度，表示各地区在既定经济水平，高等教育财政预算投入的力度，说明地区在一定的经济能力下，财政对高等教育投入的力度。该指标值大于 1，表示该地区在现有经济规模下对高等教育的预算投入力度高于全国平均水平；若该指标值小于 1，表示该地区在现有经济规模下对高等教育的预算投入力度低于全国平均水平。

我国各地在高等教育投入密度上存在很大差异。表 3.10 分别考察了 1998 年、2005 年和 2006 年各地高等教育投入密度，总投入密度不低于 1 的地区数在三个年份中分别为 10 个、12 个和 12 个，并且发现北京、天津、吉林、上海、湖北、重庆、西藏、陕西和甘肃 9 个地区在三个年份中投入密度始终是大于 1 的，并且北京的高等教育投入密度在 1998 年为 4.95，2005 年为 3.03，2006 年为 3.28，远远大于其他地区的投入密度，全国大部分地区对高等教育投入的力度还有待提升。

表 3.10　我国各地高等教育投入密度

地区	1998 年		2005 年		2006 年	
	DENI	DENBI	DENI	DENBI	DENI	DENBI
北京	4.95	4.58	3.03	3.50	3.28	3.95
天津	1.74	1.73	1.30	1.48	1.26	1.50
河北	0.53	0.57	0.56	0.42	0.53	0.45
山西	0.66	0.90	0.66	0.70	0.69	0.73
内蒙古	0.54	0.66	0.47	0.53	0.44	0.51
辽宁	1.00	1.13	0.99	0.99	0.98	0.93
吉林	1.46	1.74	1.21	1.44	1.10	1.38
黑龙江	0.98	1.07	1.15	0.89	1.13	0.91
上海	1.80	1.71	1.44	1.73	1.35	1.60
江苏	0.93	0.87	0.86	0.82	0.78	0.79
浙江	0.58	0.48	0.78	0.70	0.90	0.74
安徽	0.57	0.67	0.88	0.93	0.88	0.87

表3. 10(续)

地 区	1998 年		2005 年		2006 年	
	DENI	DENBI	DENI	DENBI	DENI	DENBI
福建	0. 50	0. 51	0. 69	0. 79	0. 70	0. 77
江西	0. 62	0. 63	0. 94	0. 61	1. 01	0. 61
山东	0. 48	0. 59	0. 49	0. 46	0. 49	0. 45
河南	0. 53	0. 58	0. 54	0. 57	0. 53	0. 52
湖北	1. 23	1. 09	1. 57	1. 34	1. 46	1. 28
湖南	0. 90	0. 78	1. 01	0. 83	0. 96	0. 79
广东	0. 83	0. 67	0. 62	0. 64	0. 60	0. 58
广西	0. 50	0. 52	0. 60	0. 62	0. 60	0. 58
海南	0. 59	0. 76	0. 83	0. 56	0. 71	0. 48
重庆	1. 13	1. 12	1. 22	1. 12	1. 23	1. 16
四川	0. 87	0. 76	1. 01	0. 89	1. 02	0. 85
贵州	0. 60	0. 76	0. 77	0. 84	0. 82	0. 83
云南	0. 68	0. 83	0. 70	0. 80	0. 72	0. 78
西藏	1. 64	1. 74	1. 48	1. 40	1. 23	1. 12
陕西	2. 28	2. 58	1. 98	2. 02	1. 80	1. 92
甘肃	1. 05	1. 17	1. 07	1. 29	1. 07	1. 28
青海	0. 59	0. 98	0. 60	0. 93	0. 64	1. 05
宁夏	0. 78	1. 05	0. 84	1. 12	0. 88	1. 15
新疆	0. 79	0. 89	0. 58	0. 55	0. 59	0. 64

注：表 3. 10 中 DENI 为高等教育投入密度，DENBI 为高等教育预算投入密度。

比较各地预算投入密度，在 1998 年、2005 年和 2006 年，高等教育预算投入密度大于 1 的地区数量分别有 12 个、10 个和 11 个，三年预算投入密度都大于 1 的地区有北京、天津、吉林、上海、湖北、重庆、西藏、陕西、甘肃和宁夏。北京在 1998 年、2005 年和 2006 年的高等教育预算投入密度分别为 4. 58、3. 50 和 3. 95，远远高于其他地区。更值得说明的是，宁夏在三个年份的总投入密度都低于 1，而其三个年份预算投入密度都大于 1。全国大部分地区的预算投入密度低于 1，说明多数地区财政预算对高等教育的投入力度低于全国平均水平。

分析三个年份各地高等教育投入密度和预算投入密度之间的关系发现：在1998年各地高等教育投入密度与高等教育预算投入密度之间的相关系数为0.58，在2005年和2006年两种投入密度的相关系数分别达到0.955和0.958；在我国高等教育扩招之后，高等教育市场化程度加深之际，高等教育两种投入密度的关系更加密切，我国高等教育政府财政投入对其他来源的高等教育投入发挥了重要的引导作用。

第二类参考各地高等教育在校生规模的相对指标——地区高等教育投入深度和地区高等教育预算投入深度。

$DEEI_i$=（第i地区高等教育投入/全国高等教育投入）/（第i地区高等教育在校生/全国高等教育在校生）

$DEEBI_i$=（第i地区高等教育预算投入/全国高等教育预算投入）/（第i地区高等教育在校生/全国高等教育在校生）

关于地区高等教育投入的深度，考虑到高等教育学校分布的历史原因，各地的高等教育投入除了与当地经济规模有关外，还与各地高等教育学生数量相关。引入各地高等教育在校生数量特征，有利于分析各地高等教育投入比例与高等教育在校生数量比例之间的相关性。

高等教育投入深度，从另一角度看，其实就是各地高等教育在校生生均投入与全国高等教育生均投入的比率。分析表3.11，在1998年、2005年和2006年三个年份中，北京、天津、上海、江苏、广东、西藏6个地区的高等教育投入深度和预算投入深度都大于1，即高等教育总投入和预算投入生均经费都高于全国生均投入水平。北京、上海高等教育投入深度远远大于其他地区，近年来这两个地区的高等教育投入深度呈不断提高之势。浙江、辽宁、青海等地区存在一些年份投入深度大于1的现象。其他地区高等教育投入深度大多低于1，即高等学校生均投入远低于全国平均水平，大多数地区的投入深度呈继续恶化的趋势。如江西在2006年的生均预算投入仅为全国平均水平的30%，河南和河北等地区的投入深度只是0.5左右，仅相当于全国平均水平的50%。

表3.11　我国各地高等教育投入深度

地区	1998年		2005年		2006年	
	DEEI	DEEBI	DEEI	DEEBI	DEEI	DEEBI
北京	2.04	1.88	3.25	3.76	3.76	4.53
天津	1.29	1.28	1.24	1.41	1.27	1.51
河北	0.67	0.73	0.63	0.46	0.59	0.50

表3.11(续)

地区	1998年		2005年		2006年	
	DEEI	DEEBI	DEEI	DEEBI	DEEI	DEEBI
山西	0.56	0.77	0.58	0.62	0.60	0.64
内蒙古	0.66	0.81	0.67	0.77	0.69	0.80
辽宁	0.85	0.96	1.02	1.03	1.03	0.99
吉林	0.84	1.00	0.92	1.10	0.89	1.12
黑龙江	0.95	1.04	1.00	0.78	0.97	0.79
上海	1.75	1.66	2.55	3.05	2.47	2.94
江苏	1.10	1.03	1.15	1.10	1.07	1.08
浙江	1.10	0.92	1.37	1.23	1.62	1.33
安徽	0.66	0.77	0.69	0.72	0.67	0.66
福建	0.83	0.86	0.95	1.09	0.95	1.05
江西	0.53	0.54	0.50	0.33	0.51	0.30
山东	0.83	1.01	0.67	0.62	0.67	0.61
河南	0.68	0.75	0.57	0.60	0.56	0.55
湖北	0.95	0.83	0.86	0.74	0.84	0.74
湖南	0.78	0.68	0.74	0.61	0.72	0.59
广东	1.54	1.25	1.36	1.40	1.29	1.25
广西	0.53	0.56	0.62	0.64	0.62	0.60
海南	0.84	1.07	0.91	0.61	0.68	0.46
重庆	0.84	0.83	0.95	0.88	0.94	0.89
四川	0.89	0.78	0.82	0.72	0.84	0.70
贵州	0.52	0.65	0.63	0.68	0.70	0.70
云南	0.86	1.04	0.82	0.93	0.83	0.91
西藏	1.67	1.78	1.67	1.58	1.27	1.16
陕西	0.92	1.04	0.93	0.95	0.92	0.99
甘肃	0.74	0.82	0.77	0.93	0.76	0.91
青海	0.65	1.08	0.85	1.31	0.94	1.54

表3. 11(续)

地区	1998 年		2005 年		2006 年	
	DEEI	DEEBI	DEEI	DEEBI	DEEI	DEEBI
宁夏	0. 68	0. 92	0. 89	1. 19	0. 92	1. 21
新疆	0. 82	0. 92	0. 70	0. 67	0. 75	0. 81

注：表 3. 11 中 DEEI 和 DEEBI 分别表示各地高等教育总投入深度和预算投入深度，数值通过《中国教育经费统计年鉴》（历年）数据计算而来。

考察我国各地高等教育投入深度和预算投入深度之间的关系，发现在三个年份中两种投入深度之间呈强正相关关系。在 1998 年，各地高等教育投入深度和预算投入深度的相关系数为 0. 921，2005 年两者之间的相关系数为 0. 971，2006 年两者之间的相关系数为 0. 973。可见，从投入深度分析也验证了我国高等教育投入中政府财政投入对总体投入具有明显的引导和推动作用。

3. 3. 4 在校生人口密度与投入密度、深度的关系

进一步考察我国各地高等教育在校生人口密度与投入密度、投入深度之间的关系，可以发现各个年份的三种指标之间存在较强的联系。

首先，分析各地高等教育在校生人口密度与投入密度、投入深度之间的相关关系。鉴于数据的可得性，这里分析 1998 年、2006 年两个年份的三种指标之间的关系，得到表 3. 12。

表 3. 12 我国各地高等教育在校生人口密度、投入密度与投入深度的相关系数

年份		总投入密度	预算投入密度	总投入深度	预算投入深度
1998 年	在校生人口密度	0. 878	0. 836	0. 738	0. 689
2006 年		0. 737	0. 717	0. 697	0. 674

注：表 3. 12 中的相关系数是根据表 3. 6、表 3. 10 和表 3. 11 中的数据分析得到的。

通过表 3. 12 分析可得：高等教育发展程度越高的地区即高等教育在校生人口密度越大的地区，对高等教育的总投入和预算投入越高，生均高等教育投入和预算投入强度越大。经济发展水平越高的地区，对高等教育投入的力度越大。

其次，分析高等教育投入密度和投入深度的关系，如表 3. 13 所示。

表 3.13　我国各地高等教育投入密度与投入深度的相关系数

指 标	1998 年		2005 年		2006 年	
	总投入密度	预算投入密度	总投入密度	预算投入密度	总投入密度	预算投入密度
总投入深度	0.735	0.668	0.739	0.788	0.787	0.827
预算投入深度	0.716	0.711	0.697	0.808	0.764	0.859

注：表 3.13 中相关系数是根据表 3.11 和表 3.12 中数据计算得到的。

我国各地高等教育投入密度与投入深度之间呈较强正相关关系，说明我国高等教育分布有优势集中现象，即经济发展水平越高的地区，高等教育的发展越好，对高等教育的经济投入越大，政府财政对高等教育投入也相应越强。在经济发达地区，高等教育的发展呈现发展速度越来越快的局面；但是，在经济发展相对落后的地区，其高等教育发展就会因投入的资源短缺而滞后。因而，我国各地高等教育在发展中形成强者愈强，弱者难以迎头赶上的马太效应①。

本章小结

了解我国高等教育发展的总体状况和区域均衡局势，有利于深入分析高等教育投入所致的人力资本、经济社会效应，为分析高等教育发展规划所需的经费投入总量和分担比例提供研究对象平台。

本章简要地介绍了我国高等教育学校数量、专任教师人数、在校生数、历年招生人数和毕业生数等绝对规模指标，用相对指标如生师比、升学率、每十万人口中高等教育在校生数、每十万人口中受高等教育人数等反映我国高等教育发展的相对水平。

本章分析了我国各地高等教育发展的均衡局势，计算和比较了我国各地区高等教育在校生人口密度、高等教育投入的来源差异、高等教育的投入密度和深度，并深入分析了高等教育在校生人口密度与投入密度、投入深度的关系。发现各地高等教育投入密度与投入深度之间呈较强正相关关系，说明我国高等

① 马太效应（matthew effect），指强者愈强、弱者愈弱的现象。经济发展相对落后的地区，其高等教育总投入、财政投入和生均投入等比较少，导致高等教育资源严重短缺，不利于当地高等教育的正常发展。

教育分布有优势集中现象，我国各地高等教育发展形成强者愈强，弱者难以迎头赶上的马太效应。

附表 3.1　我国教育投入情况　　单位：亿元

年份	TI	HEI	年份	TI	HEI	年份	TI	HEI
1952	11.04	2.097 6	1971	35.28	6.70	1990	545.88	103.72
1953	19.25	3.657 5	1972	45.89	8.72	1991	731.50	117.04
1954	19.97	3.794 3	1973	51.57	9.80	1992	867.05	138.73
1955	19	3.61	1 974	61.76	11.73	1993	1 059.94	169.59
1956	26.55	5.044 5	1975	66.14	12.57	1994	1 488.78	238.21
1957	27.99	5.318 1	1976	72.52	13.78	1995	1 877.95	300.47
1958	25.58	4.860 2	1977	76.91	14.61	1996	2 262.34	367.90
1959	37.61	7.145 9	1978	85.44	16.23	1997	2 531.73	436.28
1960	50.47	9.589 3	1979	106.37	20.21	1998	2 949.06	598.12
1961	36.62	6.957 8	1980	130.72	24.84	1999	3 349.04	764.65
1962	30.88	5.867 2	1981	141.04	26.80	2000	3 849.08	983.14
1963	32.67	6.207 3	1982	158.54	30.12	2001	4 637.66	1 247.55
1964	38.29	7.275 1	1983	179.39	34.08	2002	5 480.03	1 583.21
1965	39.51	7.506 9	1984	209.64	39.83	2003	6 208.27	1 873.68
1966	41.83	7.947 7	1985	263.70	50.10	2004	7 242.60	2 257.65
1967	36.95	7.020 5	1986	320.34	60.86	2005	8 418.84	2 657.86
1968	27.5	5.225	1987	343.79	65.32	2006	9 815.31	3 057.77
1969	27.04	5.137 6	1988	418.43	79.50	2007	12 148.07	3 762.30
1970	27.56	5.236 4	1989	485.30	92.21	2008	14 500.75	4 346.88

注：1. 附表 3.1 中的 TI、HEI 分别表示教育总投入和高等教育总投入；2. 数据根据《中国统计年鉴》（历年）数据整理而来。

4 我国高等教育投入效应的影响因素

高等教育投入取决于社会各个层面对高等教育的供给和需求，同时，其投入结构和总量也受高等教育投入机制的影响。高等教育供给是在一定时期内，一国或地区高等教育机构所能提供的高等教育机会，从广泛意义上讲，高等教育供给除正规高等教育机构提供的机会外，还包括非正规机构提供的高等教育机会，如成人高等教育、在职高等教育培训等。高等教育主要由一国或地区的政府、企业或社会团体所举办的高等教育机构提供，其供给受到许多因素的影响，如教师供给、高等教育资源配置、高等教育单位成本和社会对高等教育的认识及态度。

高等教育的投入也受需求的制约，即受到社会和个人对高等教育有支付能力的需求的影响。一般来说，高等教育需求可以分为高等教育的社会需求和高等教育的个人需求。前者是在一定的社会历史阶段，基于未来经济、社会发展而对培养劳动力和人才产生的有支付能力的高等教育需要，其影响因素有人口数量、经济和科学技术发展水平及政府政策导向等；后者是个人出于对未来知识、技能、收入、社会地位的预期而对高等教育有能力的需要，具体受到个人天赋、家庭经济能力、高等教育学费和高等教育收益状况等影响①。

我国高等教育投入的来源是政府、受教育者家庭和社会捐赠等，其中，前两者是高等教育投入的主要来源。

---

① 靳希斌. 教育经济学 [M]. 北京：人民教育出版社，2009：84-89.

4.1 私人投入的影响因素实证分析

下面分析我国高等教育私人投入的影响因素①：

4.1.1 私人投入的结构状况

我国高等教育私人投入可以分为国内高等学校学杂费私人投入和国内高等教育非正规投入，如高等学校校外补习费用以及出国留学费用投入等。全面地说，高等教育私人投入应包括接受高等教育时的机会成本。在我国，接受高等教育者一般都具有高中文化水平，经过入学考试进入高等学校学习。高中毕业生显然具有较强的工作能力，却因为接受高等教育而失去工作收入。在不同时期，政府高等教育发展政策和投入机制、高等教育发展规模、经济发展水平、收入分配状况等可能构成高等教育私人投入的影响因素。

首先，政府高等教育发展政策和投入机制直接决定私人高等教育投入的数量和机制。纵观高等教育发展的历史，政府对高等教育投入的体制经历了由国家全额直接拨款，到财政拨款只占总投入的一部分，并且在不同的时期，财政拨款所占比例出现波动，导致私人高等教育投入比例变动，从而决定着高等教育私人投入比重变化。中华人民共和国成立以来，高等教育机构由单一的国办高等教育学校，演变为当前的国办、民办并立格局，其中，国办高等教育学校的财政拨款又分为以中央财政拨款为主的高等学校和以地方财政拨款为主的地方高等学校；政府高等教育投入体制发生了几次较大的变更，由最初政府负担高等教育的全部经费包括学校建设、教师薪酬、学生的书本费和生活费等，逐渐演变为由接受高等教育的学生缴纳学费、杂费，并且自己承担在校时期的生活费。近二十年来，学生承担的学杂费占高等教育投入的比例逐年上升。高等教育学杂费占全部投入的比例由 1996 年的 15.1%，上升为 2008 年的 33.9%，学生缴纳的学杂费无论是绝对数还是相对比例都极大增加了。由于几十年来，我国政治体制、经济体制不断变革，各种制度相应地处于急剧变动时期。从为国家培养建设人才到谁投资谁受益，我国高等教育指导思想经过了多次演变，高等教育投入体制先后出现了国家全额投入、国家负责大部分投入和私人负责大部分投入等多种格局。

---

① 本节内容已经发表在《教育学报》2012 年第 6 期，有改动。

其次，高等教育发展规模、经济发展水平也是导致高等教育私人投入变化的重要诱因。高等教育为社会经济发展培养了大量的人才，适应了历史的发展需要。然而，在初期，由于经济发展水平较低，国家主要培养需求迫切的高端人才，各种培养费用主要由国家财政承担。随着经济规模逐渐扩大，人才需求的层次增多、数量增大，接受高等教育的学生规模巨大，仅仅依靠国家财政投入的经费显然不能满足高等教育的实际需要。不像中小学等基础教育，高等教育具有劳动前的技能培养性质，能为劳动者带来较高的直接收益。因此，各国高等教育开始实施不同比例的私人投入政策。

最后，经济发展水平的提高和收入分配机制的多元化为高等教育私人投入提供了可能性和可行性。经济社会的发展，一方面扩大了人才需求的数量，增加了对较高层次人才的需求量，从而增加了社会、经济领域对高等教育的需求；另一方面，经济发展提高了居民的平均收入水平，增强了家庭对高等教育需求的购买能力，为社会提升高等教育水平提供了可能性。收入差异性的分配体制使受过高等教育的劳动者获取的收入相对来说多些，这样就能刺激更多的具有经济能力的人接受高等教育，增加高等教育的私人投入。

近些年来，我国居民在非正规高等教育如课外语言、技能的培训和国外学习等方面的投入力度越来越大了，具体表现为在接受高等教育的同时，参与对高等教育内容进行强化的社会培训学习，以及出现越来越多的海外留学活动。归根结底是由于国内高等教育升学竞争压力和劳动市场的就业压力。参加非正规领域的学习，可以增加高等教育接受者的知识，提升其相应的经验和技能。造成这种格局的主要原因在于我国高等教育正规领域的服务不足。与发达国家相比，我国高等教育服务存在质量上的差异，国内劳动力市场对受过国外高等教育的劳动者更加青睐，这些都是促使海外留学活动增加的重要原因。

4.1.2 私人投入影响因素的模型分析

人类对资本概念的认识在不断地拓展，在土地、设备等实物资本基础上，亚当·斯密（Adam Smith）、欧文·费雪（Irving Fisher）开始将人看作资本。舒尔茨（Theodore W. Schultz）认为：人力资本是为提高人的能力而投入的一种资本，相对于体现在物质产品上的物力资本，人力资本体现在劳动者身上，表现为凝聚在劳动者身上的知识、技能及其表现出来的能力，这种能力是生产增长诸要素中的主要能力①。国民收入及个人收入增长中未能被要素投入增长

① 舒尔茨. 人力资本投资：教育和研究的作用［M］. 北京：商务印书馆，1990.

解释的很大一部分，可以归因于这种资本的形成。

根据人力资本投资理论，个人和家庭在教育方面投资的成本主要包括直接成本、机会成本和心理成本三大部分①。其中，直接成本包括家庭和国家对教育直接投入的财力、物力和人力的价值总和，机会成本主要是指受教育者在接受教育期间因为没有工作而失去的收入，心理成本则指受教育者在教育学习中所付出的努力和减少的休闲。

许多学者研究了教育的收益效应。Card（1999）认为人力资本的提升通过多种方式影响就业结果，如增加未来工资，较高的人力资本提高了不工作的机会成本，鼓励劳动参与率；熟练的劳动力降低失业率，另外，人力资本提高个人寻找和保持满意工作的机会。教育投资的私人收益主要体现为一个人由于上学和受教育，比没有上学和未受教育获得更多的终身工资性报酬，还会带来社会、心理方面的收益，如更高的社会声望、更美满的婚姻和更体面的工作，以及对家庭的正面影响。由于社会、心理方面的收益难以度量，通常未予以计算，而主要衡量经济收益。对于社会，人力资本的提高对经济增长具有正向效应，较高教育水平者较少依靠政府转移支付生活，相对而言，具有较高教育水平的人犯罪的可能性更低。

那么，对于具体的微观个体而言，哪些因素会影响家庭和国家高等教育的投资成本和收益呢？针对这些因素进行全面的理论分析，对家庭和国家高等教育投资决策的内在机制的探索具有帮助。

4.1.2.1 高等教育投资成本和收益的影响因素

任何投资都必须考虑成本、风险，投资最终取决于净收益状况。每个个体在高等教育方面的人力资本投资成本按照承担主体分为家庭、个人和国家，其中，直接成本和机会成本为家庭投资（I_p：private investment in human capital）和国家投资（I_g：government investment in human capital），心理成本则主要由受高等教育者个体承担，与受高等教育者个体的天赋（A：innate ability）和努力程度相关。一般认为，个体接受高等教育等人力资本投资耗费的直接成本，具体表现为投入的财力、人力和物力的价值总和，随着受高等教育者的教育年限增加，其所需要的教育条件如教学设施、实验设备不断增加和教师水平不断提高，因而成本也在加速增长；个体接受高等教育的机会成本，也由最初年龄较小时机会成本相对较低而逐渐增速上升；心理成本主要是指受高等教育者在

① 伊兰伯格，史密斯．现代劳动经济学：理论与公共政策［M］．8版．潘功胜，等译．北京：中国人民大学出版社，2007：292-293.

学习和培训中所耗费的体力和脑力总和，因受高等教育年限的增加，接受的知识和技能训练由简单到复杂，由接受常识到探索创新知识，在既定的天赋条件下，个体所付出的心理成本呈加速上升之势。对于具有不同天赋的个体，在同一教育层次中，天赋强的个体接收新知识、技能快一些，其人力资本形成效率相对较高。

人力资本投资的收益具体可分为经济收益和社会收益，也可以表现为效用的提高。其中，人力资本投资的经济收益与现在投入的多少、个体的人力资本产出效率、就业可能性、未来就业工资水平、受高等教育者未来生产率和收入折现率有关；人力资本投资的社会收益与个体的效用偏好、未来效用的折现率等有关系。本书试图将心理成本也折算为经济成本，从长期和短期两个角度分析高等教育投资的收益状况对高等教育投资选择的影响。

4.1.2.2 研究思路及模型构建

以具体个体 i 为对象的人力资本生产函数为

$$h^i = \varphi(A)g(I_g,\ I_P,\ H_{t-1}) \tag{4.1}$$

其中，H_{t-1} 为前期人力资本总量（如受高等教育者所面临的教师人力资本），$\varphi(A)$ 为天赋 A 的增函数，是个体人力资本效率乘数，$g(I_g,\ I_P,\ H_{t-1})$ 是家庭投资 I_p、政府投资 I_g 和 H_{t-1} 的增函数，在一定时期，假定 I_p 存在差异，I_g 和 H_{t-1} 在相同的学校则可认为相同，但在不同学校则存在差异。因此有 $\varphi'(A)>0$，$g'_1(I_g,\ I_P,\ H_{t-1})>0$，$g'_2(I_g,\ I_P,\ H_{t-1})>0$，$g'_3(I_g,\ I_P,\ H_{t-1})>0$。

以开始工作时的价值计算，设家庭在之前对某个体高等教育投资的总成本函数为 $I_p=I_p(e)$，$I'_p(e)>0$，$I''_p(e)>0$；国家对每个个体进行人力资本高等教育投资的总成本函数为 $I_g=I_g(e)$，$I'_g(e)>0$，$I''_g(e)>0$，其中，e 为个体接受高等教育的年限。

如果设个体提供的劳动表现为单位劳动时间（用 l 表示）下的有效劳动量，即 $L=lh^i$，为简便起见，假定 $l=1$ 时，生产函数 $Y=F(K,\ L)=F(K,\ h^i)$，生产函数两阶导数可导，且 $F_1'(K,\ h^i)>0$，$F_2'(K,\ h^i)>0$，$F_{12}''(K,\ h^i)<0$，并且 $R_k\equiv 1+r=F_1'(K,\ h^i)$，则 $R'_k=F_2''(K,\ h^i)<0$。劳动创造的边际产值为 $\omega=F_2'(K,\ h^i)$，有 $\omega'=F_2''(K,\ h^i)<0$。受高等教育程度不同的劳动者的边际产值存在差异，接受高等教育 e 的劳动个体创造的边际产值为 $\omega(e)=F_2'(K,\ h^i)$，该产值表示私人对高等教育投资和国家对个体高等教育投资的边际产值总和。

没有接受高等教育的劳动者个体创造的边际产值为 $\omega(0)=F_2'(K,\ h^i)$。在既定的分配制度下，劳动者创造的边际产值一部分为劳动者的工资，另一部分为国家税收或由物质资本投资者获取，不妨设私人收益比例为 α（$0<\alpha<1$），国家收益比例为 t，$0<\alpha+t\leqslant 1$。设 $\beta(s, e)$ 是接受高等教育为 e 的个体的就业率，考虑到劳动市场就业率与劳动者个人、家庭、学校等社会资本 s 有关联，一般而言，在既定劳动市场环境下，就业概率与高等教育程度和各种社会资本成本呈正向关系。接受高等教育 e 年限的个体期望工资和未接受高等教育的个体期望工资分别为 $\mathrm{EW}(e)=\alpha\beta(s, e)\omega(e)$ 和 $\mathrm{EW}(0)=\alpha\beta(s, 0)\omega(0)$。

接受高等教育和未接受高等教育劳动者之间的期望收入差距初始值为

$$d_i=\alpha[\beta(s, e)\omega(e)-\beta(s, 0)\omega(0)] \tag{4.2}$$

国家从受高等教育 e 年限的个体和未接受高等教育的个体获取的期望收益分别为 $\mathrm{ER}(e)=t\beta(s, e)\omega(e)$ 和 $\mathrm{ER}(0)=t\beta(s, 0)\omega(0)$。

国家从受高等教育者和未受高等教育者身上获取的期望收益差距初始值为

$$\mathrm{DR}=t[\beta(s, e)\omega(e)-\beta(s, 0)\omega(0)] \tag{4.3}$$

那么，从经济投资收益角度，高等教育投资的决策是怎样进行的呢？

首先，比较高等教育投资与物质资本投资的收益率。其中高等教育投资又分为家庭（私人）高等教育投资和国家对教育的投资。根据上面的分析可知，每年物质资本投资的边际收益为 $R_k=1+r=F_1'(K, h^i)$，收益率为 $r=F_1'(K, h^i)-1$。在比较高等教育投资收益率时，通常可选择物质资本投资的无风险利率作为参照，无风险利率越高，高等教育投资的机会成本越高；反之，则越低。

其次，分析私人高等教育投资和国家对公民个体高等教育投资的边际收益。私人高等教育投资预期边际收益为

$$R_p(e)\equiv\beta(s, e)\omega(e)\varphi(A)g'_2[I_g(e), I_p(e)] \tag{4.4}$$

未受高等教育者的预期边际收益为

$$R_p(0)\equiv\beta(s, 0)\omega(0)\varphi(A)g'_2[I_g(0), I_p(0)] \tag{4.5}$$

对于受高等教育者，接受高等教育 e 年限的个体学年边际收益为

$$R_{pe}\equiv\omega(e)\beta(s, e)\varphi(A)g'_2(\cdot)I'_P(e) \tag{4.6}$$

国家在高等教育中获取的收益表现为对个体高等教育投资产值的税收。在财税政策中，可以理解为国家通过高等教育费税回收对公民进行高等教育投资的收益。国家对个体进行高等教育投资的边际产值为

$$R_g(e)\equiv\omega(e)\beta(s, e)\varphi(A)g'_1[I_g(e), I_p(e)] \tag{4.7}$$

而国家从未接受高等教育个体中获取的边际产值为

$$R_g(0)\equiv\omega(0)\beta(s, 0)\varphi(A)g'_1[I_g(0), I_p(0)] \tag{4.8}$$

国家对接受高等教育年限为 e 的公民进行高等教育投资的学年边际总收益为

$$R_{ge} = \omega\beta(s, e)\varphi(A)g'_1(\cdot)I'_g(e) \tag{4.9}$$

考虑到国家对个体高等教育的投资是每个个体在国家总高等教育投资中分摊的份额，家庭高等教育投资成本中包含有直接成本和机会成本，因此，可以假定对于既定的个体，有 $I_p(e) > I_g(e)$，且前者初始增加速度快，有 $I'_p(e) > I'_g(e)$；但由于国家对高等教育投资的总收益包含有两项，为简化分析，不妨假定存在 $R_g > R_p$ 或 $R_g \leqslant R_p$ 两种情形。

4.1.2.3 从经济角度分析高等教育投资的决策

1. 从短期角度对高等教育投资决策的分析

在短期收益的比较中，涉及对具体个体接受高等教育收益率和未接受高等教育收益率的分析，以及对高等教育投资和物质资本投资的收益率进行比较，从而根据投资收益率的高低选择投资类型。

首先，分析私人和国家选择高等教育投资或不投资时的收益情况。当 $R_p(e) \leqslant R_p(0)$ 时，私人高等教育投资收益低于该个体不接受高等教育的收益，则个体倾向于不进行高等教育投资；当 $R_p(e) > R_p(0)$ 时，则个体接受高等教育的收益较高，倾向于选择高等教育投资。如果 $\mathrm{ER}(e) \leqslant \mathrm{ER}(0)$，国家对高等教育投资的收益低于不对个体进行高等教育投资的收益，国家对高等教育投资缺乏积极性；当 $\mathrm{ER}(e) > \mathrm{ER}(0)$ 时，国家对个体进行高等教育投资的收益高于不投资的收益，国家会倾向于增加对个体高等教育的投资。

其次，分析私人高等教育投资、国家高等教育投资和物质资本投资的收益高低对高等教育投资的选择影响。下面分三种情况进行具体分析：

（1）当 $R_k > R_g > R_p$ 或 $R_g \leqslant R_p < R_k$ 时，表现为高等教育投资过度，即高等教育私人投资收益率低于国家对高等教育的投资收益率，也低于其他物质资本投资收益率。其直接效应是引起家庭对高等教育投资急剧减少。国家从高等教育投资获取的总收益为 $R_g = \omega\beta(s)\varphi(A)g'_1(\cdot)$，因为 $R_g < R_k$，即国家对高等教育的投资收益率也低于物质资本投资的收益率，所以国家也倾向于减少对高等教育的投资。

（2）当 $R_g > R_k > R_p$ 或 $R_g < R_k \leqslant R_p$ 时，前者表现为私人高等教育投资过度，其收益低于物质资本投资收益，导致家庭会逐渐减少对高等教育的投资；而国家对高等教育投资总收益大于物质资本的投资收益，形成家庭高等教育投资缩减和国家对高等教育投资增加之势。后者表现为国家对高等教育的投资过度，会减少对高等教育的投资，而家庭对高等教育投资收益较高，投资相对不

足，会刺激家庭增加高等教育投资。

(3) $R_g > R_p > R_k$ 或 $R_p \geqslant R_g > R_k$ 时，无论家庭还是国家对高等教育投资取得的收益都高于物质资本的投资收益，实际表现为家庭和国家对高等教育投资的不足，有利于促进家庭和国家增加对高等教育的投资。在这种情况下，国家和家庭对个体高等教育投资的年限也可能存在差异。设家庭对个体高等教育投资的最佳年限是取得学年边际收益最大的时间

$$e_p = \{e \mid R'_{pe} = 0，即[\omega(e)\beta(s, e)\varphi(A)g'_2(\cdot)I'_p(e)]' = 0\} \quad (4.10)$$

国家对个体高等教育投资的最佳年限为

$$e_g = \{e \mid R'_{ge} = 0，即[\omega(e)\beta(s, e)\varphi(A)g'_1(\cdot)I'_g(e)]' = 0\} \quad (4.11)$$

当 $e_p > e_g$ 时，政府对个体高等教育投资年限短于民众的高等教育需求，民众就会抱怨政府对高等教育投资不足；反之，当 $e_p < e_g$ 时，民众的高等教育投资积极性不高，在高水平教育阶段出现许多辍学现象，民众私人高等教育投资年限低于国家发展对人才的需要。

2. 从长期均衡角度对高等教育投资决策的分析

从长期角度，家庭和政府对高等教育投资的选择不仅要分析经济利益，而且要关注社会收益，因而必须分析家庭高等教育投资和国家高等教育投资的成本收益平衡性与投资内部收益率。

如果一个人退休时年龄为 T，其中专门受高等教育的时间为 e，工作的时间为 $T-e$。考虑到同龄人直接参加劳动也要付出一定的心理成本，将受高等教育者在学习期间所付出的超额心理总成本（mental cost）折算成经济价值记为 $m(A, e)$，假定天赋较高的个体其以学习为快乐，其付出的差额心理成本相对低一些；反之，学习天赋较低的个体在学习中付出的超额心理成本较高，但随着受高等教育年限增加，个体付出的心理成本在不断增加，因此有 $m'_1(A, e) < 0$，$m'_2(A, e) > 0$。结合前面分析的家庭对个体高等教育投入的直接成本和机会成本，则可知个体在受高等教育期间耗费的成本折算为开始工作时的价值总和为 $m(A, e) + I_p(e)$。

假设接受高等教育 e 年限的个体开始工作时工资收入与没有受过高等教育的同龄人的差距为 d_i，则个体在受高等教育后工作的 $T-e$ 年的超额收益（excess earnings，E）的增长率为 r'，将各年超额收益折算为开始工作时的价值为 $E \equiv \sum_{i=1}^{T-e} \alpha[\omega(e)\beta(s, e) - \omega(0)\beta(s, e)]\ (1+r')^i /\ (1+r)^i$，满足 $m(A, e, r) + I_p(e, r) = \sum_{i=1}^{T-e} d_i\ (1+r')^i / (1+r)^i$。

折算率 r 为家庭对个体高等教育投资的内部收益率 IR_p，$d_i = \alpha[\beta(s,$

$e)\omega(e) - \beta(s, 0)\omega(0)]$。

当 $IR_p > r$ 时，即家庭高等教育投资总成本的内部收益率高于物质资本投资收益率时，促进了家庭对子女的高等教育投资；当 $IR_p \leq r$ 时，家庭高等教育投资总成本的内部收益率低于物质资本投资收益率，将会遏制家庭高等教育投资的热情，减少对高等教育的投资。

从长期角度，国家对高等教育投资获取的收益有经济收益和非经济收益。经济收益表现在国家收取的高等教育费税因劳动者教育水平提高、工资增加而多缴纳的税费。这部分收益为 $\sum_{i=1}^{T-e} t[\omega(e)\beta(s, e) - \omega(0)\beta(s, 0)](1+r')^i/(1+r)^i$，式中的 r' 为收益的增长率，r 为价值折现率。非经济收益包括接受高等教育的个体对于社会稳定、社会治安的正向影响，可以减少社会治安费用或节省国家治安成本。设这部分收益折算为初始工作时的价值为 $d_e = d(e, r)$。国家对公民个体高等教育投资成本折算为初始工作时的价值为 $I_g(e, r)$，则满足：

$$d(e, r) + \sum_{i=1}^{T-e} t[\omega(e)\beta(s, e) - \omega(0)\beta(s, 0)](1+r')^i/(1+r)^i = I_g(e, r) \tag{4.12}$$

折现率 r 为国家对公民个体高等教育投资的内部收益率 IR_g。

当 $IR_g > r$ 时，即国家高等教育投资内部收益率高于物质资本投资收益率时，政府对高等教育投资严重短缺，应增加投资总量；当 $IR_g \leq r$ 时，国家高等教育投资内部收益率低于物质资本投资收益率，意味着国家的高等教育投资效率低下，应减少对个体的高等教育投资。

4.1.2.4　影响因素分析总结与启示

人力资本形成效率、就业率、个体天赋因素、物质资本盈利率等影响着家庭和国家高等教育投资的成本与净收益，从而直接影响高等教育的投资决策。高等教育投资在前而投资收益产生于后，因此，人们对高等教育投资的收益估计大多是在当前市场信息的基础上进行的。在产业结构层次较低、物质资本相对稀缺的经济中，物质资本投资收益率较高，高等教育水平较高的劳动力反而不能获取有利条件充分发挥才干，有效就业率较低，劳动力实现的价值较低，降低了人们对高等教育的预期，抑制了人们对高等教育投资的积极性。对于具体的个体而言，其天赋的高低影响到人力资本形成效率的高低，也应作为高等教育投资分析的一个重要因素。劳动市场是量才取人，还是过分凭借人际关系、家庭关系取人，对人们高等教育投资的积极性有很大影响，前者促进高等教育发展，后者阻碍高等教育发展。高等教育系统效率也极大地影响着受教育者人力资本形成效率，决定着人力资本投资收益，高等教育系统效率提高能增加人们对高等教育投资的信心；反之，就会降低家庭和国家对高等教育投资的信心。

4.1.3 高等教育私人投入的风险分析

私人（或家庭）在教育方面进行投资可以获得许多收益，如提高受教育者的社会地位和经济收入等①。国内外许多学者研究了教育水平提高对个体经济收入的影响，如 Mince J.（1974）、牛彦绍（2004）、刘泽云和萧今（2009）等研究了教育、就业经验对个体收入的正向影响。接受高等教育可以提高人力资本，给社会和个人带来经济利益以及非经济利益，如促进技术进步、提高经济增长效率和个人收入水平、培养个人修为、形成良好的生活习惯和保持身体健康等。关于高等教育的正面效应，许多学者进行了详细的研究，可是，探讨高等教育私人投入风险的文献却极其少见。

在市场经济中，人们往往注意实物资本——非人力领域的投资风险，却很少关注教育投资，特别是高等教育投资的风险。我国处于社会主义初级阶段，人们物质生活、精神生活水平仍处于较低层次，经济发展程度、劳动就业制度、教育发展状况和个人能力等多种因素对高等教育投资的经济效益产生影响，也使私人高等教育投资面临许多风险。从经济收益角度分析，私人（或家庭）对子女进行高等教育投资究竟存在怎样的风险呢？产生风险的原因是什么呢？探讨这些问题可为降低我国高等教育私人投资风险提供借鉴。

4.1.3.1 我国高等教育的私人投资风险类型

风险通常是指不确定因素对人们预期目标的实现或现有价值的保持所造成的负面影响。不仅产生风险结果的不确定因素可能出现在事件的各个环节，而且外界环境变化也可能对风险结果产生负面效应。在高等教育方面，私人投资风险有以下表现：

1. 教育投资收益与物质投资收益的比较

对于个体而言，如高等教育私人投资收益率低于在其他物质领域投资的收益率，则为投资选择风险，即将资金（包括受教育者的机会成本）投资于非教育领域或储存在银行里获得的收益率，高于接受高等教育产生的收益率（高等教育收益率指通过现值法将接受高等教育增加的收益折算为每年收益率）。第一类风险，是投资者在高等教育和非高等教育之间抉择的风险，是因

① 本节内容已经发表在《现代教育管理》2011 年第 9 期，有改动。

抉择错误而产生的风险，故称为绝对风险。

2. 接受高等教育与未接受高等教育人际间收益比较

在禀赋相同的个体之间，即使忽略教育成本，接受高等教育者就业后的收益比未接受高等教育者的收益低。在当前社会状况下，存在许多案例，即高等教育接受者由于就业机会滞后、对环境适应能力下降等，其收益虽说可能高于在非教育领域的收益，但低于禀赋相同的其他未接受高等教育的个体的收益。第二类风险是在禀赋相同的个体之间比较接受高等教育的个体存在的风险，称为相对收益风险。

4.1.3.2 我国高等教育私人投资风险的产生原因

从社会角度看，相对于实物投资，人力资本能灵活地在变化的经济环境中使用。但是，从具体角度，人力资本投资与受教育者个体相联系，可能比实物资本投资具有更大的风险。对人力资本的投资决策，取决于其预期收益是否高于安全的非人力资本投资收益。

私人教育投资收益，除了与私人教育投资的多少、时间长短等因素有关，还受投入和产出环境两方面不确定因素的影响。投入方面包括个体不完善性格、学校教育质量的不确定性、学习过程投入的时间和费用等影响人力资本的投入总量；产出方面包括未来劳动力市场供求的不确定性导致的人力资本未来收益不确定。那么高等教育的私人投资风险产生的原因有哪些呢？笔者分析投入、产出各个环节，将风险因素归纳为受教育者个体因素、非教育领域投资环境因素、高等教育环境因素和就业市场环境因素等。

1. 受教育者个体因素

如果将受教育者看成是用来加工和完善的对象，经过教育培训，受教育者能力提高和收入增加与该受教育者的特性和禀赋具有较强的关系。在一定的社会、经济发展水平下，具体个体接受高等教育是否必要和合适呢？这不仅是一个经济可行性问题，而且也是一个涉及生理学和教育学的问题。针对知识和科学技术的特点，高等教育要求个体具有一定的知识和技术基础，并且具有一定的禀赋和理想，只有做到客观可能和主观愿望相符合，才能实现高等教育的目标——达到个体的学习目标和能力培养目的。

对于某些个体，虽说接受了高等教育，但是，其知识增加和能力提高甚微，以致其收益提升甚微。分析个体因素，造成这种结果的原因有两种：一是先天禀赋短缺对知识掌握和能力提高形成限制；二是后天因素，即知识基础薄弱，学习能力和领悟能力差，或在高等教育过程中投入的时间和精力过少，在进入国内外高校后，一些学生由于学习动机不强、学习目的不明确、学习自觉性低，知识增加和能力提高极少。这两类学生即使接受了高等教育，但没有获得足够的知识和能力。当我国高等教育逐渐走向大众化，这种类型的私人高等教育投资风险将会增加。

2. 非教育领域投资环境的影响

非教育领域投资收益率会影响人们高等教育投资决策。显然，非教育领域投资获得的安全收益率越高，私人高等教育投资的绝对风险则越高；反之，投资于高等教育的风险就相对较低。在资金短缺、利率较高的时期，人们对高等教育投资的相对风险较高，而随着经济发展，资金越来越丰裕，利率降低，在非教育领域投资的收益率下降，私人在高等教育投资的风险也相应降低。

在风险上升和厌恶绝对风险的假设下，市场利率、家庭初始财富变化对私人高等教育投资产生影响。在一定的市场利率水平下，财富增加时，为规避将来的高风险，人们将增加人力资本投资；财富下降时，私人会减少对高等教育的投入。

对于不同财富状况的家庭，利率变化对人力资本投资策略的影响存在差异。如果一个家庭是净负债者，利率上升将增加该家庭债务，投资将继续增加债务，无论在任何领域投资都使家庭风险上升，私人对人力资本投资积极性下降。如果家庭是净储蓄者，利率上升将导致相反的收入效应和替代效应，结果会取决于其净效应。当收入效应高于替代效应时，私人会增加高等教育投资；当替代效应大于收入效应时，私人就会减少高等教育投资。在广大农村地区，许多家庭收入非常有限，其收入主要用来解决基本的生存问题，如果将有限的收入全部投资于孩子的高等教育，从家庭效用维持和未来收益角度，是有很大风险的。

3. 高等教育环境因素

改革开放以来，我国由计划经济体制向社会主义市场经济体制转变，中国教育环境也发生了巨大变化。过去高等教育受行政计划和教育两个领域规律制约，现主要受市场经济和教育规律影响。在体制演变过程中，高等教育引入市场竞争机制，学校成为相对独立、分层次办学的经营主体，办学规模扩大，在专业设置、招生、学生缴费上学、教学培养和学生就业等环节应面向市场需求。

首先，经济体制的变化对高等教育环境产生多种影响。这些变化增加了民众接受高等教育的机会，同时也增加了私人在高等教育领域投入的风险。市场经济体制对高校办学资源配置、高等教育供给产生影响，冲击了传统的高校办学资源单纯计划配置的模式，高校办学经费变为以政府计划拨款为辅、市场机制配置为主的混合模式，拓宽了高等教育资源来源渠道，加快了我国高等教育的发展。但是，高等学校招生规模扩大，增加了学生毕业后就业的竞争风险，在就业机会没有明显增加的情况下，大学生就业困难度加大，收益相对下降。高等教育属于非义务教育，学生私人缴费上学，增加了学生教育成本；一些高校扩张速度过快，教学和设施建设滞后，培养质量不尽如人意，这些相应地提高了学生接受高等教育的收益风险。

其次，高等教育供给与其市场需求的滞后性，加重了私人高等教育投资的风险。经济决策分散，主体趋向于微观化、多元化，教育的目的在于服务于宏观经济发展和微观经济主体的切身利益。学校专业设置滞后，只针对市场当前的热点设置专业，缺乏一定的前瞻性，几年后学生毕业市场需求饱和。还有培养模式对学生质量的影响，许多高校为节省培养成本，只注重单纯的课堂教学，较少进行教师与学生间的互动交流；只注重对理论知识的灌输，不注重引导学生运用知识于实践，缺少实习环节，对学生分析问题和利用知识解决问题能力的培养欠缺；导致一部分大学生习惯于在“象牙塔里”生活，习惯于理想化的大学规则，没有适应现实社会的信心和能力，增加了学生个体成才的风险。

再次，高等学校教育松散性和管理评价僵化性导致了一些大学生的培养质量不合格。不像中小学时期，基于升学的压力，教师和家长会对学生给予较多的指导和约束。当前高校学生数量众多，高校引入的机械性、市场化的教师教学评价系统，弱化了教师对课程和学生学业的要求，教师与学生之间的关系更加松散。如果学生缺乏学习自觉性，没有得到细致正确的引导，一些社会不正之风在一定程度上扭曲了学生价值观，就会助长学生的无理要求和放任习气，侵染高校良好的教学风气，使学生在专业选择和个性耦合、学业完成等方面存在问题。高等教育标准普遍降低增加了私人高等教育投资的风险。

最后，高等学校运营的可持续性问题会给受教育者求学带来风险。随着高中毕业生人数急剧减少，许多高校生源逐渐枯竭。当学生数量不能达到一定的规模时，主要依靠学费进行运营的一些高校将会关闭，给正在高校接受教育的学生带来冲击和学习风险。

4. 就业市场环境因素

就业竞争机制不完善的负面效应。在市场化改革中，我国高等学校毕业生就业体制也实行市场化变革。当前，因市场经济体制尚处于完善阶段，许多非市场力量对正常的竞争环境形成干扰，如人际关系代替工作能力、工作态度成为人员选择的标准等。高等学校教育和学生考核的标准与社会上许多评价标准相差很大，对在校大学生学习态度产生极大的负面影响，打击了他们追求上进和努力学习的积极性。

低效就业，所学专业知识无所用，降低了高等教育的收益。经济结构处于低层次，产业结构升级缓慢增加大学生高能低就、高学低用、学而无用、收入低廉的风险。多年来，我国各地经常出现“民工荒”和大学生就业难并存的奇怪现象。其主要原因就是我国产业结构普遍偏低，技术升级缓慢，外向性出口经济多以廉价的自然资源和劳动力为竞争优势，在国际分工中处于低技术、低价值的行业或产业价值链的低端，劳动市场倾向于使用低技能、工资低廉的劳动力——农民工；大学生无法找到与自己专业、能力相符的岗位就业。许多大学生为生存不得已在只需要较低学历的岗位就业，遑论专业对口、学有所用，高能低就、高学低用，导致整个社会产生读书无用论思想。大学生学难所用，是相对于产业发展低水平来说，教育出现了过度投资。当前，我国这一经济特征是导致私人高等教育投入风险增加的重要原因。

4.1.3.3 我国高等教育私人投资风险的应对策略

私人高等教育投入风险的影响因素存在于多个环节，除个体自身因素外，还有高等教育的市场供给质量和需求特点。风险因素普遍存在就会给人们造成损失，产生负面影响。从微观角度，家庭或个体的高等教育投入成本无法回收，抑制了人们对高等教育需求的积极性，久而久之，不利于提高国民的文化素质；基于国家层面，私人高等教育投入风险因素的存在，也导致国家教育投资损失，忽视大学生就业，浪费多年培养的人才，是对高等教育成果的巨大浪费。针对这些风险因素，各层面主体应该采取合理的应对措施。

1. 针对私人高等教育投入风险，各级政府的应对政策

规范和理顺社会评价标准，引导全社会形成积极、健康的价值观。高等学校是为国家培养建设和管理人才的重要机构，必须形成健康的教学、学习风气，制订公正、合理评价学业和研究成果的标准，只有这样才能培养大量合格人才。在学生毕业进入社会各个岗位后，这些标准应该在社会得到合理延续，从而便于学生迅速适应工作环境。如果社会评价标准与学生在大学熟悉的标准相差太大或相反，则会使毕业生的思想和价值观混乱，导致他们可能根本无法理解社会，增加学生适应社会的难度，甚至使其产生消极心理，影响工作能力和效率。

加快经济增长转型，促进经济结构调整和升级，增加经济发展对技术和人才的吸收力，实现大学生学有所用和有效就业。我国经济增长不能再低效率地消耗大量自然资源、能源，忽视环境保护，持续地依靠投资规模扩张促进经济

增长。为增加就业，在发展大量劳动密集型产业基础上，继续发展高技术、高价值的具有核心竞争力的产业，制定优惠政策鼓励企业设立研发机构，重视研发、创新以实现持续发展和增强国际竞争力，吸纳近年来培养的大学生和高级人才。

完善劳动市场机制和评价体系，建立人才选拔、使用、评核和流动的公正标准，这样有利于形成大学、企业等单位培养人才的良好风气。整个社会形成一种重视人才、尊重人才、使用人才的蔚然正气，并引导社会风气全面好转。

2. 针对私人高等教育投入风险，高等教育领域应采取的改革措施

在经济机制转型、社会体制不断完善的过程中，我国高等教育也面临着市场化改革的需求，如何调动高校教师的教学、科研积极性，制定正确评价教学和科研的机制，是高等教育改革的探索内容。高等学校是培养人才的机构；学生成才是高等教育的目的；学生既是培养对象，又是在不断成熟中、具有积极主动性的主体；教师是生产者，但对象不是工厂里的原材料，而是具有思想意识的人。高等教育生产的复杂性要求其各种管理方法不能采用简单的流水线计件制或僵化的打分制，而是需要教师和学生在教学及科研中进行知识、心灵的沟通和交流。机械的管理评价方式，只会导致偏差甚至错误，助长社会转型中的不正风气对学校的侵袭，冲击高等学校师生的行为准则，扰乱学校的教学、科研秩序。

高等学校应加强学生管理，引导和培养在校生积极、向上、公正的价值观和健康、奋斗的人生观。指导学生正确看待社会发展，主动抵制社会的一些错误思想，在学业评价、行为考评等教学、管理活动中贯彻公正的治学原则，树立良好的教风和学风，培养学生正确的价值观和人生准则，增加学生成才的概率。

3. 家庭和学生对高等教育私人投入的风险管理

家庭是子女高等教育私人投入的具体执行者，家庭对受教育者的经济支持和思想影响，成为受教育者学习态度和行为选择的重要决定因素。家庭资源和经济条件应成为子女追求上进的基础和帮助，不应成为子女凭以怠惰的资本。家庭不仅是子女高等教育私人投入的承担者，而且对子女高等教育过程负有指导和监督义务。家庭应设立合理的教育目标，树立正确的教育动机，结合子女的个性特点，培养其健康的兴趣爱好，根据情况及时调整其学习和其他行为，指导其克服学习和成长中的困难，使其学业长进并最大限度地提升能力。

比较我国中小学教育与高等教育，两者在许多方面存在差别。如在学生的学习状态上，中小学生是在教师、家长等严密监督下紧张地学习；大学生则多是远离家乡、缺乏教师监管，完全依靠自觉性进行学习。这样的变化让许多学

生不适应。需要将在中小学受干涉、受监督的被动学习变为积极、主动学习，对许多大学生来说是一个巨大的挑战。主动、自我约束的学习态度是大学生完成学业、提高学术技能的关键，是规避高等教育私人投入风险的根本途径。

4.2 财政投入的影响因素实证分析

从宏观角度，基于数据收集的可得性，有必要探讨我国高等教育财政投入的影响因素及其稳定性，为高等教育的未来投入规划提供参考。这里实证分析我国高等教育投入占 GDP 的比例变化、占财政收入（支出）的比例，高等教育总投入量和高等学校生均投入的变化的影响因素及其稳定性。

4.2.1 高等教育财政投入的模型分析

一国或地区高等教育投入总量，从理论上分析，与高等教育发展规模如学生数量、教师数量、经济发展水平、前期教育投入等存在正相关关系；与当期物价水平正相关，但与当期资金利率水平负相关。

4.2.1.1 计量模型的建立

为了便于利用计量模型进行实证分析，本书根据变量的内容分别取高等教育在校生数量、教师数量作为高等教育发展规模指标；取国民生产总值作为衡量经济发展水平的指标；取高等教育上一期投入总量作为投入的前期基础；物价水平取通货膨胀率或通货紧缩率；取全年的时间加权平均值作为当年的利率水平。

建立高等教育投入总量的数理模型为

$$\mathrm{HEI}_t = f(\mathrm{sis},\ T,\ \mathrm{gdp},\ \mathrm{HEI}_{t-1},\ p,\ R) \tag{4.13}$$

其中，HEI_t，sis，T，gdp，HEI_{t-1}，p，R 分别表示高等教育投入总量、在校生数量、教师数量、国民生产总值、上一期高等教育投入总量、价格水平和利率水平。

根据教育理论和经济分析，应该有下述假设：

$\frac{\partial \mathrm{HEI}_t}{\partial \mathrm{sis}} = \frac{\partial f}{\partial \mathrm{sis}} \geqslant 0$，即高等教育投入总量与在校生数量呈正相关关系，在一定的时期，高等教育在校生数量越多，需要投入的经费越多。

$\frac{\partial \mathrm{HEI}_t}{\partial T} = \frac{\partial f}{\partial T} \geqslant 0$，即高等教育投入总量与高等学校教师数量呈正相关关系，

高等学校教师数量越多，其人员工资、研发经费需要量越大，在工资水平保持不变的情况下，高等教育投入的总经费就会相应增加。

$\frac{\partial \mathrm{HEI}_t}{\partial \mathrm{gdp}} = \frac{\partial f}{\partial \mathrm{gdp}} \geqslant 0$，即高等教育投入总量与经济发展总量水平呈正相关关系，一国或地区经济发展水平越高、总量规模越大，其对高层次人才的需求量就越大，并且也越有能力对高等教育进行投入，因而，高等教育投入相应越大。

$\frac{\partial \mathrm{HEI}_t}{\partial p} = \frac{\partial f}{\partial p} \geqslant 0$，即高等教育投入总量与价格水平呈正相关关系，物价水平上升，高等教育投入资源的价格上升，如果要保证相同水平的物质、人力投入，要求以货币计价的经费增加。

$\frac{\partial \mathrm{HEI}_t}{\partial R} = \frac{\partial f}{\partial R} \leqslant 0$，即高等教育投入总量与利率水平呈负相关关系，利率水平上升，融资成本升高，融资难度加大，国家和家庭对高等教育的投入会相应减少，高等教育投入总量受到负面影响。

对应的计量模型，初步地选取简单线性和对数线性两种方式，分别叙述如下：

简单线性模型为 $\mathrm{HEI}_t = \alpha_0 + \alpha_1 \mathrm{sis} + \alpha_2 T + \alpha_3 \mathrm{gdp} + \alpha_4 p + \alpha_5 R + \varepsilon_t$，

对数线性模型为 $\ln\mathrm{HEI}_t = \beta_0 + \beta_1 \ln\mathrm{sis} + \beta_2 \ln T + \beta_3 \ln\mathrm{gdp} + \beta_4 p + \beta_5 R + \eta_t$。

上述两计量模型中，α_i，β_i，$i = 0$，1，2，3，4，5 分别为相应的回归系数，ε，η 为误差变量。

4.2.1.2 数据来源及指标的计算

高等教育投入总量选取 1991—2008 年各年度的高等教育投入总额数据，如表 4.1 所示。

表 4.1 我国高等教育投入总量和财政投入总量 单位：万元

年份	1991	1992	1993	1994	1995	1996	1997	1998	1999
投入总额	1 170 405	1 387 279	1 695 900	2 382 050	3 004 720	3 678 981	4 362 767	5 981 215	7 646 450
财政投入	1 050 309	1 238 876	1 475 195	1 997 057	2 399 590	2 890 358	3 337 833	3 837 813	4 726 312
年份	2000	2001	2002	2003	2004	2005	2006	2007	2008
投入总额	9 831 365	12 475 481	15 832 129	18 736 788	22 576 459	26 578 618	30 577 652	37 623 007	43 468 780
财政投入	5 637 055	6 659 987	7 875 176	8 768 737	10 098 392	11 285 356	13 025 185	16 481 188	20 624 560

注：表 4.1 中为我国高等教育历年投入总金额和财政投入总金额，数据来源于《中国统计年鉴》（历年），不包括香港、澳门和台湾地区投入数据。

我国高等教育在校生数量选取 1991—2008 年的在校生人数，如表 4.2 所示。

表 4.2　我国高等教育在校生人数和教师数　　　　单位：万人

年份	1990	1991	1992	1993	1994	1995	1996	1997	1998	1999
在校生人数	206.3	204.4	218.4	253.6	279.9	290.6	302.1	317.4	340.9	413.4
高校教师数	39.5	39.1	38.8	38.8	39.6	40.1	40.3	40.5	40.7	42.6
年份	2000	2001	2002	2003	2004	2005	2006	2007	2008	2009
在校生人数	556.1	719.1	903.4	1 108.6	1 333.5	1 561.8	1 738.8	1 884.9	2 021.0	2 144.7
高校教师数	46.3	53.2	61.8	72.5	85.8	96.6	107.6	116.8	123.7	129.5

注：表 4.2 中为我国高等教育历年在校生人数和教师数，数据来源于《中国统计年鉴》（历年），不包括香港、澳门和台湾地区数据。

鉴于市场利率值有多种，为兼顾长期和短期两个方面，这里选取官方公布的一至三年期的贷款利率作为资金筹措成本。从《中国统计年鉴》（历年）收集到我国官方一至三年期的贷款利率调整时间数据，根据调整时间利率资料对每年的利率运行期间进行加权计算出历年平均贷款利率作为资金筹集利率成本，如表 4.3 所示。

表 4.3　我国官方公布的融资年利率　　　　单位：%

年份	1990	1991	1992	1993	1994	1995	1996	1997	1998	1999
一至三年期利率	10.08	9.36	9	10.65	12.24	12.24	12.12	10.71	8.107 5	6.24
年份	2000	2001	2002	2003	2004	2005	2006	2007	2008	2009
一至三年期利率	5.94	5.94	5.565	5.49	5.535	5.76	6.03	6.847 5	7.324	5.4

注：每年的平均利率由各种利率与该利率运行的月数乘积之和除以 12 得到。

4.2.1.3　指标的关系分析

首先，分析高等教育总投入、高等教育财政投入、高等教育在校生数、高等教育教师数、融资利率和物价指数等指标之间的相关关系。借助统计分析软件 Eviews3，对上述指标进行相关分析，得到的相关系数如表 4.4 所示。

其中，表 4.4 中的 TI、*T*、*S*、GI、MR、PI 分别表示高等教育总投入、高等教育教师数、高等教育在校生数、高等教育财政投入、融资利率和物价指数（下文表 4.5、表 4.6 同）。统计分析发现：高等教育总投入与高等教育教师数、高等教育在校生数和高等教育财政投入呈强正相关关系，这三个相关系数都大于 0.98，而与融资利率、物价指数两指标的相关系数分别为-0.606 9 和

-0.366 7，呈较强负相关关系和弱负相关关系。

表 4.4　高等教育投入指标的相关系数

	TI	*T*	*S*	GI	MR
T	0.987 9				
S	0.991 0	0.994 0			
GI	0.995 2	0.970 6	0.974 9		
MR	-0.606 9	-0.555 8	-0.621 7	-0.593 5	
PI	-0.366 7	-0.299 4	-0.355 5	-0.372 3	0.802 0

其次，分析这些指标的因果关系。运用 Granger-causality test 对高等教育投入指标进行分析，在滞后一期的情况下发现下列指标之间存在因果关系，如表 4.5 所示。

表 4.5　高等教育投入指标之间滞后一期存在的因果关系　　单位:%

原因指标	MR	PI	MR	PI	MR	GI	*S*	*T*	TI
结果指标	GI	*S*	*S*	*T*	*T*	*T*	*T*	*S*	*T*
Prob	7.8	1.4	0	4.8	0	4.3	0	0	2

注：表 4.5、表 4.6 中的 Prob 数值表示因果关系不成立的概率。

运用统计软件，在滞后二期的条件下，对指标进行因果关系检验，发现指标之间存在的因果关系如表 4.6 所示。

表 4.6　高等教育投入指标之间滞后二期存在的因果关系　　单位:%

原因指标	*T*	TI	*S*	TI	GI	TI	*S*	GI	*T*	MR	GI	*S*	MR	PI
结果指标	TI	*T*	TI	*S*	TI	GI	*T*	*T*	GI	*T*	*S*	GI	*S*	*S*
Prob	2	2	2	0.4	4	2.3	0	2.5	1.5	2.6	1	3.6	0.0	1.0

综合上述的相关分析和因果分析，可以发现：在滞后一期的情况下，高等教育总投入的增加，有利于增强招生能力；在滞后二期的情况下，高等教育总投入与在校生数量互相促进。在滞后二期的情况下，高等教育教师数量与总投入、高等教育政府财政投入与总投入之间也存在相互正向因果关系，即存在互相促进的关系。

融资成本（利率）的升高，与政府高等教育投入具有负向因果关系；融资利率、物价指数升高，都对高等教育在校生数量存在负向因果影响。

政府财政对高等教育投入的增加有利于促进高等教育在校生数量和教师数量的增加。

4.2.1.4 高等教育投入影响因素的回归分析

在上述统计分析的基础上，为了更好地了解高等教育投入的影响因素的效应，这里进一步进行回归分析，并且通过对系数检验选择回归方程，结果如表4.7所示。

表4.7 我国高等教育投入的影响因素分析

自变量	因变量			
	高等教育总投入	高等教育总投入对数	高等教育财政投入	高等教育财政投入对数
物价指数		0.038 9 (4.87)		0.04 (6.837)
融资利率	-47 757 (-1.953)			
上期在校生数量	1 693.7 (3.217)			
在校生数量			854.97 (29.47)	
上期教师数量	10 216 (1.039)			
在校生数量自然对数		2.623 (4.866)		1.387 (14.37)
教师数量自然对数		-1.796 (-1.81)		
Adjusted R-Squared	0.987	0.888	0.950 5	0.770

注：表中回归系数下边括号里的数值表示对应回归系数的 t 统计量，所有回归系数的 t 检验相伴概率都小于5%。

通过对高等教育投入总量的回归分析，得到上一期的高等教育在校生数量、教师数量对总投入产生正向效应，每增加一个学生高等教育投入总量增加1 693.7元，每增加一名高校教师投入总量增加10 216元。融资利率上涨对高等教育投入产生负面效应，融资利率每提高一个百分点，总投入减少47 757万元。另外，高等教育财政投入总量主要与在校生数量有关，在校生每增加一人，政府财政对高等教育投入增加854.97元。

对高等教育投入量进行对数回归分析，其目的在于探讨高等教育投入变化的影响因素。物价指数上升、在校生数量增加将导致高等教育总投入和高等教育财政投入的增加。

4.2.2 高等教育投入的稳定性分析

上述实证分析验证了高等教育投入总量、财政投入总量（当年计价）的影响因素主要是在校生规模、教师规模和融资成本。但是，单纯分析高等教育投入总量，显然不能反映高等教育投入的生均真实水平及其投入的稳定性。从理论上分析，生均投入水平的稳定性需要纵向分析物价指数的变动和社会生活水平的变化，应考虑历年的价格水平以及结合人均消费水平来分析高等教育生均投入和生均财政投入的相对稳定性。

以1991年的物价为基础，利用价格折算指数对我国高等教育生均投入和生均财政投入进行折算，得到可比性的生均投入如表4.8所示。

表4.8 我国高等教育生均投入的折算值 单位：元

年份	1991	1992	1993	1994	1995	1996	1997	1998	1999
生均总投入	5 726	5 849	5 304	5 400	5 617	5 401	5 958	7 851	8 463
生均财政投入	5 138	5 223	4 614	4 527	4 486	4 777	5 093	5 485	5 643
年份	2000	2001	2002	2003	2004	2005	2006	2007	2008
生均总投入	8 043	7 889	8 090	7 704	7 527	7 574	7 724	8 432	8 627
生均财政投入	4 964	4 504	4 282	3 851	3 569	3 352	3 423	3 824	4 226

注：生均投入值根据历年价格指数进行折算而得。

因为我国高等学校大多设置在大中城市，所以参考城镇居民的平均收入水平。为了反映我国高等教育生均投入的稳定性，借助财政投入占总投入的比例、生均财政投入与城镇居民平均收入的比率、生均投入与城镇居民平均收入的比率，本书通过考察三种比例（率）的变动来分析我国高等教育投入的稳定状况。

通过观察图4.1可以得到：自1991年，我国高等教育生均财政投入占生均投入的比例逐年下降，由1991年的89.7%，下降为2008年的49%，下降了40.7个百分点，财政对高等教育的资助水平不断降低。这是我国高等教育经费窘迫、在校生接受高等教育的私人承担成本上升的主要原因。生均财政投入、生均投入与城镇居民平均收入的比率下降幅度也非常大，在1991年分别为3.02和3.67，到2008年分别降为0.267和0.547，表明居民收入提高，对高等教育的支出比例却极大地下降，说明民众的高等教育支付能力逐年在提升，对高等教育的购买能力存在很大潜力。近年来，对高等教育私人负担感觉比较重的原因是什么呢？

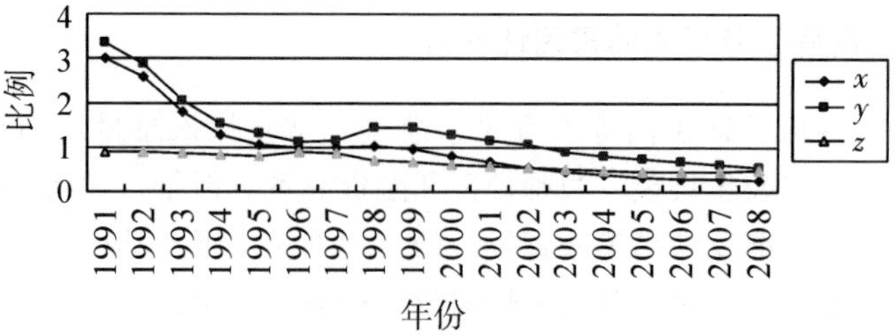

图 4.1　我国高等教育投入的稳定性

注：图 4.1 中的 x、y、z 曲线分别表示高等教育生均财政投入与城镇居民平均收入的比率、生均投入与城镇居民平均收入比率和生均财政投入占生均总投入的比例。

从消费角度分析，对于一般居民来说，高等教育属于非必需消费品，高等教育投入占基本生活支出以外的收入比率能反映我国城乡居民高等教育购买能力的变化。除了课外补习费用外，私人所承担的正规途径的高等教育负担是缴纳的学杂费，学杂费占城乡居民的基本生活支出外的收入比例可以比较准确地反映高等教育私人投入的负担变化。

从图 4.2 可知，我国高等教育私人支出负担与城乡居民可支配收入的比率出现较大幅度的波动。总体上，城镇居民的高等教育私人支付能力远高于农村居民，前者历年的比率值几乎比后者高 1。两者都经历了下降、上升、下降、轻微上升的过程。在 20 世纪 90 年代初期，高等教育生均学杂费与城镇居民可支配收入的比率值处于 1 左右，农村居民该比率值则接近于 3。1994—2001 年，城镇居民该比率值处于上升时期，由 1993 年的 0.988 上升为 2001 年的 2.108，上升值为 1.12；农村居民该比率值在 1993—1996 年处于下降状态，由 1992 的 2.866 下降为 1996 年的 2.179，但是，在 1997—2002 年却一直为上升之势，到 2002 年上升为 3.544。可见，自 20 世纪 90 年代中期至 21 世纪初期，是我国城乡居民认为高等教育私人负担不断加重的时期。1999—2005 年，高等教育生均学杂费是农村居民平均可支配收入的 3 倍以上，是城镇居民平均可支配收入的 2 倍以上。2006 年以来，我国高等教育生均学杂费负担相对来说有所下降，但仍然接近农村居民平均可支配收入的 3 倍和城镇居民平均可支配收入的 2 倍。从高等教育生均学杂费与城乡居民可支配收入比率分析，我国高等教育投入存在较大的波动性，而且该比率值偏高。

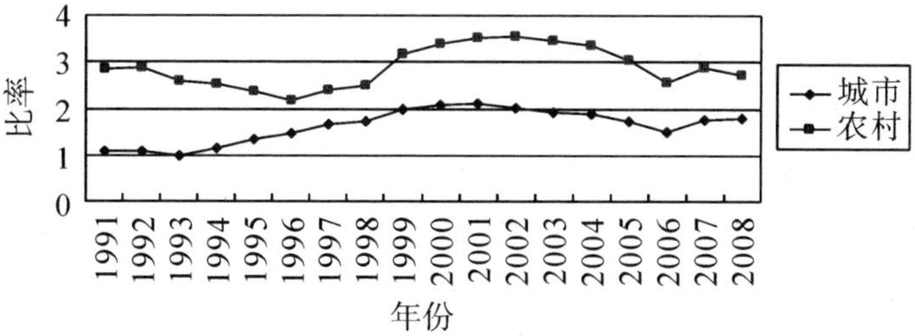

图 4.2　我国高等教育生均学杂费与城乡居民可支配收入的比率

注：这里的城乡居民可支配收入=城乡居民平均绝对收入×（1-恩格尔系数），即基本的生活支出外的收入。

为保证我国高等教育的可持续发展，须拓展高等教育投入来源。但是，合理确定高等教育私人负担是维护私人高等教育需求积极性的重要举措，相对于城乡居民可支配收入，私人承担的高等教育投入过大，特别是在我国经济结构层次较低、高等教育接受者学难所用、对未来就业和收入期望低落的环境下，这必然抑制了居民对高等教育的私人投入行为，从而阻碍了我国高等教育的发展。

本章小结

本章从一般均衡视角分析了我国高等教育的私人投入和政府财政投入的影响因素，实证分析了我国高等教育财政投入的波动状况。

本章运用模型分析了高等教育私人投入的影响因素，包括私人对高等教育的期望偏好、高等教育投入的收益率和价值折现率、物质资本投资收益率和高等教育投入的成本变化，并从长期和短期均衡角度分析了各种因素变化对高等教育投入的影响。高等教育投入风险和风险影响因素也是左右高等教育私人投入的重要变量，其中影响高等教育私人投入风险的因素有受教育者个体因素、非教育领域投资环境因素、高等教育环境因素和就业市场环境因素。针对高等教育投入的风险，笔者建议政府层面、高等教育内部、家庭和学生等应采取积极措施。

本章探讨了政府财政对高等教育投入的影响，高等教育投入的收益率、物质资本投资收益率、资源总量等因素制约着政府对高等教育的投入。在理论模型指导下，笔者收集了大量的数据，实证分析了我国财政对高等教育投入的影响，发现高等教育总投入数与高等教育教师数、高等教育在校生数和高等教育财政投入呈强正相关关系，这三个相关系数都大于 0. 98，而与融资利率、物价指数两指标的相关系数分别为-0. 606 9 和-0. 366 7，呈较强负相关和弱负相关关系。物价指数上升、在校生数量增加将导致高等教育总投入和高等教育财政投入的增加；融资成本（利率）的升高，对政府高等教育投入具有负向影响；资金利率和物价指数升高，都对高等教育在校生数量存在负向影响。

自 1991 年，我国高等教育生均财政投入占生均投入的比例逐年下降，由 1991 年占 89. 7%，下降为 2008 年的 49%，下降了 40. 7 个百分点，财政对高等教育的资助水平不断降低。生均财政投入、生均投入与城镇居民平均收入的比率下降幅度也非常大，在 1991 年分别为 3. 02 和 3. 67，到 2008 年分别降为 0. 267 和 0. 547，表明居民收入提高，对高等教育的支出比例却极大地下降，说明民众的高等教育支付能力逐年在提升，对高等教育的购买能力存在很大潜力。我国高等教育私人投入的城乡居民负担——高等教育生均学杂费与城乡居民可支配收入比率存在较大的波动性，而且该比率值偏高。在不同时期，高等教育私人投入负担出现较大波动。自 20 世纪 90 年代中期至 21 世纪初期，是我国城乡居民高等教育私人负担不断加重的时期。1999—2005 年，高等教育生均学杂费是农村居民平均可支配收入的 3 倍以上，是城镇居民平均可支配收入的 2 倍以上。自 2006 年，我国高等教育生均学杂费负担相对来说有所下降，但仍然接近农村居民平均可支配收入的 3 倍和城镇居民平均可支配收入的 2 倍。农村居民对高等教育投入的负担远远高于城市居民。

5 我国高等教育投入的人力资本效应

教育投资是现代经济、社会发展的重要动力源泉。各级教育通过培养人才，提高人力资本，促进物质投资的效率提升和规模扩大，增大经济发展的规模。那么，要分析教育投入的效率，研究教育投入对经济、社会的影响，就需要核算教育投入所形成的人力资本量。为了深化对我国高等教育投入的分析，本章将我国高等教育投入所形成的人力资本量与其他各级教育投入形成的人力资本量分开进行核算。这样，一方面有利于了解我国高等教育增加的人力资本量，另一方面也有利于比较高等教育投入的效率。同时，也为后文分析我国高等教育投入的经济、社会效应做好数据准备。

第2章的理论回顾总结了教育投入形成的人力资本核算方法，归结为投入总量核算法、受教育年限法以及人力资本产出价值法三大类。鉴于人力资本具有多重内容，既包括生理资本，也包括教育投入和人力资本提升对经济社会的发展产生的作用。这里主要分析我国高等教育投入对人力资本的提升所产生的后续经济、社会效应。因此，参照人力资本核算方法，结合数据的可获得性，本章选取教育投入总量核算法和受教育年限法两种方法核算高等教育投入所形成的人力资本量，为分析我国高等教育投入形成的人力资本及其后续经济、社会效应建立基础。

5.1 教育投入总量核算法的改进及运用

一般情况下，通过教育投入量核算人力资本增量，是将高等教育与其他层次的教育投入合并在一起的。因此，有必要借鉴这种方法的本质精神，将高等教育投入与其他层次的教育投入分开处理，改造传统的计算公式；并运用新公式对高等教育和其他层次教育形成的人力资本分别进行核算，以便于比较各自的投入效率。

5.1.1 教育投入总量法人力资本核算公式

参照第2章人力资本核算公式（2.1）和公式（2.2），即

$$HC_m = \sum_{i=1}^{m}\sum_{j=1}^{6}\left[(d_{ij} + O_{ij})/(1+p)^{i-m}\right] \quad (2.1)$$

d_{ij} 表示第 i 年第 j 种直接投入，O_{ij} 表示第 i 年第 j 种间接投入或机会成本，m 表示开始工作的时间；p 表示折算率。

人力资本，如同其他物质资本，也易于折旧，从第 $m+1$ 年始，人力资本便开始计提折旧，其计算公式为

$$HC_{m+k} = HC_{m+k-1}(1-\delta) + \sum_{j=1}^{6}(d_{m+k} + O_{m+k})/(1+p)^k \quad (2.2)$$

由于这里主要核算教育投入所形成的人力资本量，并且要区别高等教育与其他层次的教育投入，同时，为了便于深化研究，对教育投入范围分为包含机会成本（接受教育失去的工资收入）和不包含机会成本两类。对于身体保健、迁徙和信息投入等产生的人力资本，本书不予计算。

当考虑接受教育者的机会成本，则一国或地区第 t 年的教育投入所形成的人力资本核算公式为

$$HC_t = HC_{mt} + HC_{ht} \quad (5.1)$$

$$HC_{mt} = EI_{mt} + O_{mt}, \quad HC_{ht} = EI_{ht} + O_{ht} \quad (5.2)$$

$$O_{mt} = n_{mt} * \varpi_{mt}, \quad O_{ht} = n_{ht} * \varpi_{ht} \quad (5.3)$$

其中，EI_{mt}，EI_{ht} 分别为非高等教育（本书从数据收集方便性角度，主要指中小学教育）、高等教育投入经费；O_{mt}，O_{ht} 分别为非高等教育接受者、高等教育接受者的机会成本；n_{mt}，n_{ht} 分别为第 t 年接受非高等教育、接受高等教育在校生数量；ϖ_{mt}，ϖ_{ht} 分别为第 t 年接受非高等教育者、接受高等教育者平均机会成本，即失去的平均收入。考虑到不同年份的价格水平差异和折旧因素，将各年的投入折算为基年的价格水平，则第 t 年的各级教育投入所形成的人力资本存量净值（net value of human capital stock，NHCS）为

$$NHCS_t = NHCS_{t-1}(1-\delta) + [HC_{mt} + HC_{ht}]/(1+p)^t \quad (5.4)$$

其中，高等教育投入形成的人力资本存量为

$$NHCS_{ht} = NHCS_{h(t-1)}(1-\delta) + HC_{ht}/(1+p)^t \quad (5.5)$$

非高等教育投入所形成的人力资本存量为

$$NHCS_{mt} = NHCS_{m(t-1)}(1 - \delta) + HC_{mt}/(1 + p)^{t} \tag{5.6}$$

如果教育投入中不考虑机会成本，上述公式（5.1）至公式（5.6）中则不用计算失去的平均收入。

观察公式（5.6），显然是运用永续盘存法进行核算的。现在，产生了以下几个问题，即如何确定基期存量、折旧率和价格折算率。

首先，关于基期人力资本存量的确定。对于物质资本的投入核算，确定基年资本存量有直接普查法和折旧—贴现法（孙辉 等，2010）①，具体参考张军、章元（2003）的研究结果②，借鉴 Hall 和 Jones（1999）③、Young（2000），运用折旧—贴现法，折旧率 δ 取 6%，将基年投资除以投资平均增长率与折旧率之和得到的商作为基期资本存量④。本书借鉴物质资本基期存量估算方法，以 1952 年为起始年，对各级教育投入进行价格指数折算后，得到在基年后连续 5 年的投入平均增长率为 20.4%，得到基年的教育投入形成的人力资本存量为

$$NHCS_{i0} = \frac{HC_{i,\ 1952}}{\bar{g}_{1952-1957} + \delta},\ i = m,\ h \tag{5.7}$$

其次，需要确定折旧率和价格折算率问题。随着人口老龄化和退休，退休和老去的人口教育形成的人力资本也相应退出经济社会领域，同时，考虑到人口到一定年龄要退休离开劳动市场，教育投入在劳动力身上形成的人力资本应为一定投入期限内的投入，即高等教育投入计算期定为 40 年，中小学教育投入计算期定为 50 年。为便于计算，折旧率 δ 取比物质资本折旧率更高一些的折旧率，折旧率取值 10%，以求将人口老龄化因素包含于内。价格折算率通过历年消费品价格指数计算得到，价格水平以 1991 年为基准，其他年份的投入经过价格指数进行折算调整为 1991 年的价格，实现不同年份的投入的可比性。

最后，教育投入特别是正规学校的教育投入所形成的人力资本没有立即进入经济、社会建设中，如何核算劳动力的教育投入形成的人力资本，将未进入劳动市场的教育投入形成的人力资本暂时撇开，是准确分析教育投入的经济、社会效应的关键。因此，按照各级教育投入在校生所占的比重将近几年的教育投入划分为在校生人力资本和进入劳动市场的人力资本两部分，其中后者成为

---

① 孙辉，支大林，李宏瑾. 对中国各省资本存量的估计及典型性事实：1978—2008［J］. 广东金融学院学报，2010，25（3）：103-116.

② 张军，章元. 对中国资本存量 K 的再估计［J］. 经济研究，2003，(7)：35-43.

③ HALL R E, JONES C I. Why do some countries produce so much more output per worker than others?［J］. Quarterly journal of economics, 1999, 114 (1): 83-116.

④ YOUNG A. Gold into base metals: productivity growth in the people's republic of China during the reform period［R］. NBRE working paper, 2000 (7856): 38-39.

劳动者教育投入形成的人力资本增量。

5.1.2 人力资本核算——教育投入总量法

5.1.2.1 数据的来源及处理

笔者在《中国统计年鉴》《中国教育经费统计年鉴》等公开发行的资料上搜集到我国教育投入总经费和财政对教育投入的经费。但是，早期教育经费数据没有明确区分高等教育投入和非高等教育投入，为了区分 1952—1990 年的高等教育投入与非高等教育投入，按照 1991—1993 年的高等教育投入占全部教育经费的平均比例进行计算求得 1952—1990 年的高等教育投入①，进一步得到非高等教育在 1952—1990 年的投入量。

关于价格指数，从《中国统计年鉴》中只能搜集到 1978—2008 年的数据；1952—1977 年的价格数据可以从《新编中国统计年鉴 55 年》中得到。

5.1.2.2 教育投入形成的人力资本核算

首先，计算高等教育投入和非高等教育投入所形成的不包含机会成本的人力资本存量。选取 1952 年为计算教育投入形成的人力资本的基年，以 1991 年价格为基准，运用教育投入总量法核算得到 1952 年的高等教育投入所形成的人力资本存量为 15.44 亿元，非高等教育投入所形成的人力资本存量为 65.83 亿元。其他年份的高等教育投入形成的人力资本存量和非高等教育投入形成的人力资本存量，如表 5.1 所示。

表 5.1 我国教育投入形成的人力资本存量

单位：亿元（1991 年价）

年份	HEHCS	NHCS	年份	HEHCS	NHCS	年份	HEHCS	NHCS
1952	15.44	65.83	1971	122.70	523.08	1990	700.04	2 984.40
1953	22.08	94.14	1972	129.94	553.96	1991	747.08	3 300.42
1954	28.37	120.93	1973	138.87	592.05	1992	800.11	3 641.02
1955	33.61	143.28	1974	151.25	644.79	1993	854.61	3 983.07
1956	41.54	177.08	1975	164.25	700.21	1994	920.29	4 378.25
1957	49.28	210.11	1976	178.66	761.65	1995	991.48	4 797.36
1958	55.23	235.47	1977	193.49	824.90	1996	1 076.02	5 263.50

① 我国高等教育在 20 世纪 90 年代末期才开始大规模扩张，因此，选用 20 世纪 90 年代初期的经费划分比例，比较接近 20 世纪 90 年代前我国高等教育与非高等教育的经费比例。

表5.1(续)

年份	HEHCS	NHCS	年份	HEHCS	NHCS	年份	HEHCS	NHCS
1959	65.70	280.10	1978	210.47	897.28	1997	1 179.70	5 751.94
1960	80.59	343.57	1979	234.34	999.03	1998	1 353.14	6 322.14
1961	88.10	375.60	1980	265.08	1 130.06	1999	1 595.27	6 965.64
1962	92.42	394.02	1981	292.93	1 248.82	2000	1 917.19	7 672.54
1963	97.07	413.84	1982	323.26	1 378.11	2001	2 332.15	8 553.89
1964	103.65	441.86	1983	357.07	1 522.26	2002	2 876.63	9 612.67
1965	110.08	469.30	1984	397.14	1 693.09	2003	3 501.13	10 761.61
1966	116.86	498.19	1985	450.24	1 919.44	2004	4 215.00	12 034.75
1967	120.89	515.35	1986	505.97	2 157.04	2005	5 026.36	13 503.54
1968	120.49	513.67	1987	556.43	2 372.16	2006	5 921.13	15 241.39
1969	119.94	511.32	1988	613.84	2 616.90	2007	6 974.35	17 384.53
1970	119.66	510.14	1989	661.09	2 818.32	2008	8 077.09	19 851.11

注：1. 表5.1中的HEHCS、NHCS分别表示高等教育投入、非高等教育投入所形成的人力资本存量。

2. 表中以教育投入总量计算的人力资本存量以1991年价格为基准，其他年份的投入运用价格折算指数进行了折算。

1952—2008年，我国非高等教育、高等教育投入形成的人力资本存量增长迅速。其中，非高等教育投入形成的人力资本存量增长了300多倍，高等教育投入形成的人力资本存量增长了522倍。非高等教育投入形成的人力资本存量在1978年后增长幅度较大，而高等教育投入形成的人力资本存量1996年以来增长幅度较大。比较两者之间的关系，发现1952—1996年非高等教育投入形成的人力资本存量是高等教育投入形成的人力资本存量的倍数由4.26倍逐渐上升为4.89倍；1997—2008年，该倍数由1997年的4.88倍逐渐下降为2008年的2.46倍。

其次，核算高等教育投入和非高等教育投入机会成本形成的人力资本存量。关于高等教育接受者机会成本形成的人力资本存量的计算，涉及机会成本的选取问题。一般来说，高等教育在校生视为接受了高中程度的教育，高中在校生视为接受了初中教育，初中生则视为接受了小学教育。因此，根据受教育者年龄和劳动能力状况，不妨假定高等教育在校生的机会成本为当年劳动者平均工资；高中在校生的机会成本为当年的劳动者平均工资的0.8；初中在校生按现在的劳动法等法规因为年龄的限制是不能参加社会工作的，但从身体机能来看，他们具有参加劳动的实际能力，仍然存在机会成本，设其机会成本为当年劳动者平均工资的 0.5；接受小学教育的在校生机会成本忽略不计。同时，运用价格指数将各年机会成本折算为 1991 年的价格水平，对接受教育机会成本形成的人力资本的基年存量估算，可运用公式（5.7）进行。

根据 1952—1957 年各种层次教育在校生人数，求得高等教育在校生人数平均增长率为 0.182，中等专业学校在校生 1952—1957 年的增长率为 0.163，高中在校生 1952—1957 年的增长率为 0.283，初中在校生平均增长率为 0.193，通过价格折算 1952 年平均工资为 1 273.7 元，则 1952 年相应教育层次的机会成本存量为 O_{i0}，$i=m, h$，则：

O_{m0} = 中等专业教育机会成本存量+高中教育机会成本存量+初中教育机会成本存量 = 63.6×0.8×1 273.7/（0.163+0.1）+26×0.8×1 273.7/（0.283+0.1）+223×0.5×1 273.7/（0.193+0.1）= 800 283.9（万元）

O_{h0} = 高等教育机会成本存量 = 19.1 × 1 273.7/(0.182 + 0.1) = 86 268.33（万元）

表 5.2　我国受教育者机会成本形成的人力资本存量

单位：亿元（1991 年价）

年份	O_{ht}	O_{mt}	年份	O_{ht}	O_{mt}	年份	O_{ht}	O_{mt}
1952	8.63	80.03	1971	49.47	1 008.66	1990	277.16	4 930.04
1953	10.69	101.12	1972	47.19	1 193.15	1991	297.27	5 115.31
1954	13.09	124.23	1973	46.77	1 353.05	1992	322.07	5 342.91
1955	15.75	147.00	1974	47.95	1 514.01	1993	357.66	5 603.62
1956	20.49	186.63	1975	49.88	1 716.83	1994	402.49	5 949.94
1957	25.62	233.66	1976	52.34	1 998.28	1995	446.67	6 348.92
1958	32.06	302.87	1977	55.38	2 326.01	1996	492.20	6 811.46
1959	39.55	368.85	1978	61.62	2 617.96	1997	542.03	7 344.97
1960	48.20	444.09	1979	70.60	2 866.25	1998	611.50	8 098.27
1961	55.46	476.07	1980	82.56	3 105.97	1999	720.11	9 087.02
1962	59.77	484.59	1981	94.33	3 226.68	2000	902.25	10 320.93
1963	62.76	492.25	1982	103.13	3 310.69	2001	1 190.87	11 891.05
1964	65.34	515.82	1983	112.16	3 386.74	2002	1 620.83	13 904.89

表5.2(续)

年份	O_{ht}	O_{mt}	年份	O_{ht}	O_{mt}	年份	O_{ht}	O_{mt}
1965	67.92	568.52	1984	126.81	3 544.13	2003	2 212.65	16 286.69
1966	68.34	606.80	1985	150.35	3 788.50	2004	2 991.88	18 966.19
1967	67.14	639.03	1986	176.67	4 057.69	2005	4 011.17	22 460.51
1968	63.96	677.11	1987	203.22	4 326.81	2006	5 267.34	26 418.98
1969	59.04	754.59	1988	234.23	4 616.64	2007	6 778.38	30 852.44
1970	53.76	866.61	1989	258.27	4 794.91	2008	8 519.21	35 545.18

注：表5.2中O_{ht}，O_{mt}分别表示高等教育、非高等教育投入机会成本形成的人力资本，其数值根据各教育层次在校生、历年平均工资，运用公式（5.1）至公式（5.7）计算而得。

分析我国受教育者机会成本形成的人力资本存量（见表5.2），发现自1952年，我国受教育者机会成本形成的人力资本存量增长迅速。非高等教育机会成本形成的人力资本存量由1952年的80.03亿元，增长为2008年的35 545.18亿元，增长了443倍，平均每年增长约11.5%；接受高等教育机会成本形成的人力资本存量在1952年为8.63亿元，2008年增长为8 519.21亿元，增长了986倍，平均每年增长约13.1%。

其中，非高等教育机会成本形成的人力资本存量不断增加，1952—1969年为缓慢增长阶段，每年增加的存量为几十亿元；1970—1995年为较快增长阶段，每年增长的存量为100亿~400亿元；1996—2008年为快速增长阶段，每年存量增长1 000亿~5 000亿元。

我国高等教育机会成本存量的变化波动较大。1952—1966年和1974—1979年为两个缓慢增长阶段，每年增长幅度为0.5亿~10亿元；1967—1973年，为下降阶段；1980—1988年为较快增长阶段，每年增长的幅度为10亿~70亿元；1999—2008年，高等教育机会成本存量增长幅度逐年加大，由1999年增长108.61亿元，到2008年增长1 740.8亿元。

分析我国非高等教育投入、非高等教育机会成本形成的人力资本变化关系发现，非高等教育机会成本形成的人力资本存量始终高于非高等教育投入形成的人力资本存量，并且前者比后者高出较多，前者比后者由1953年高出7.4%增加到1978年高出191.8%，近年来，高出的百分数有所回落，但2008年仍为79.1%。可见，非高等教育机会成本形成的人力资本存量占非高等教育人力资本存量比重较大，如图5.1所示。

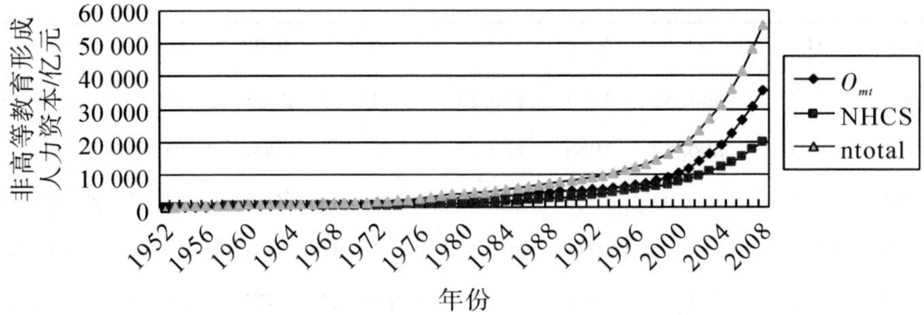

图 5.1　非高等教育投入形成的人力资本存量

注：图 5.1 中 O_{mt}、NHCS、ntotal 分别表示非高等教育机会成本、非高等教育投入及非高等教育总人力资本存量。

我国高等教育直接投入和机会成本形成的人力资本存量呈现较大的波动。自 1952 年，我国高等教育机会成本形成的人力资本存量一直低于直接投入形成的人力资本存量，在 1952 年前者为后者的 0.56，其后逐年上升为 1966 年的 0.58，后又逐年下降为 1977 年的 0.286。1978—2008 年，该比例逐渐上升，2008 年为 1.055。机会成本形成人力资本存量与直接投入形成人力资本存量的比例变化，间接地反映了接受高等教育的成本结构变动，也反映了劳动者工资水平的变化和高等教育直接投入的相对下降。需要保持稳定的经济发展和就业格局，维护受教育者的合理收入预期，在时间纵向上确保工资水平的稳定提升，既可以体现知识不断更新的事实，提高受教育者学习钻研的积极性，也有利于营造提高教育质量的环境。

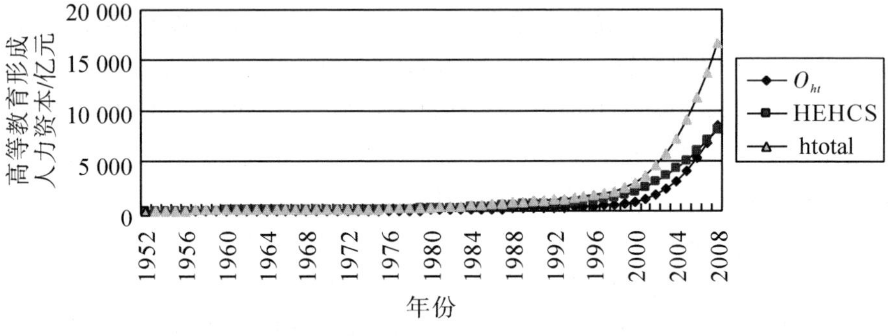

图 5.2　高等教育投入形成的人力资本存量

注：图 5.2 中 O_{ht}、HEHCS、htotal 分别表示高等教育机会成本、高等教育投入及高等教育总人力资本存量。

5.1.3 高等教育投入形成的人力资本存量分析

汇总高等教育、非高等教育投入和机会成本形成的人力资本，发现高等教育、非高等教育各自形成的人力资本总量增长极大。1952—2008 年，高等教育形成的人力资本增长了 688.5 倍，由 1952 年的 24.07 亿元增长到 2008 年的 16 596.3 亿元；非高等教育形成的人力资本存量增长了 378.8 倍，由 1952 年的 145.86 亿元增长为 2008 年的 55 396.3 亿元。具体情况如图 5.3 所示。

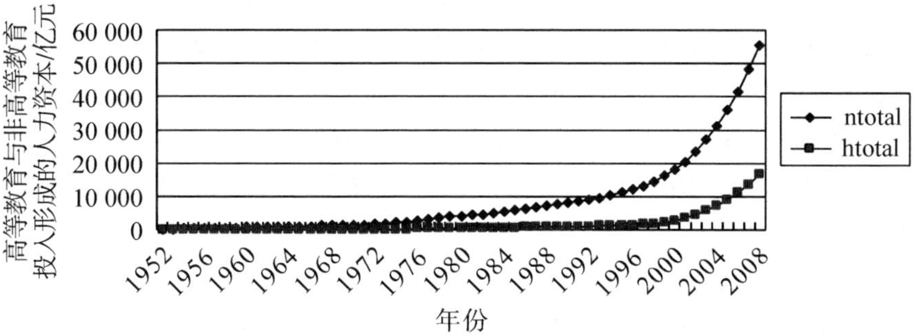

图 5.3 我国教育投入形成的人力资本存量

注：图 5.3 中 ntotal、htotal 分别表示非高等教育、高等教育形成的人力资本存量。

高等教育投入形成的人力资本存量与非高等教育投入形成的人力资本存量之间的比例也发生了变化。1952—1978 年，非高等教育形成的人力资本存量与高等教育形成的人力资本存量的比值逐渐上升，由最初的 5.8 逐渐上升为 1978 年的 12.92；1977—2008 年，该比值逐年下降，到 2008 年降为 3.34。1952—1977 年，该比值上升的原因是基础教育规模迅速扩大，而高等教育增长的速度比较慢；1978—2008 年，该比值逐渐下降是因为高等教育规模扩大、高等教育投入增加以及高等教育机会成本上升等。

5.2 受教育年限法在人力资本计量中的运用

一般地，运用受教育年限法来核算人力资本，是通过统计研究对象的受教育年限，或者汇总既定群体受教育年限总和，求该群体的平均受教育年限，以表示个体或群体人力资本量的方法。采用第 2 章的公式（2.3）

$$AE_i = \frac{1}{n}\sum_{j=1}^{n} e_{ij} \tag{2.3}$$

受教育年限简单相加在核算上简化了计算的难度，但显然忽视了不同层级的教育之间知识获取和技能培养的差异。

这里，将接受了不同层级教育的劳动者增加一定的基本劳动力当量，称为教育—劳动简化法。鉴于难以搜集到未完成学业者的数据，为了方便计算，假定有的受教育者已完成低层级的教育而没有完成更高层级的教育，则视为完成该低层级教育，根据历年增加的各种教育层级人数和基本劳动当量系数，计算教育发展而增加的基本劳动力当量数，作为教育投入增加的人力资本量，并计算历年高等教育所增加的基本劳动力当量。基本劳动力数量是以接受一定教育程度为基础，其他接受各种教育水平的劳动力相对于基本劳动力的约当量数。为了核算各个层级教育所增加的基本劳动力数，设教育分为小学、初中（或相当于初中的职业中学）、高中（或相当于高中的中专）、专科、本科等几个层级，毕业人数分别用 E_{pt}、E_{jt}、E_{st}、E_{ct}、E_{bt} 等表示，则历年各教育层级所增加的基本劳动力数量为

$$L_{ti} = E_{it} \times \varphi_i, \quad i = p, j, s, c, b \tag{5.8}$$

其中，L_{ti} 表示第 t 年第 i 教育层级增加的基本劳动力数，φ_i 表示接受第 i 层级教育后相对前一个教育层级所增加的基本劳动力当量。

现有劳动力队伍中，各级教育所增加的基本劳动力当量分别为

$$\mathrm{TL}_{ti} = \mathrm{TL}_0 + \sum_{t=1}^{k} L_{ti} \tag{5.9}$$

其中，TL_0 参照公式（5.7）在各级教育毕业生数量变化规律基础上进行估计，k 根据各教育层级接受年龄差异进行确定，如小学毕业后 48 年，初中（职业中学）毕业后 45 年，高中（中专）毕业后 42 年，大学毕业后 38 年。在公式（5.9）的基础上，结合历年劳动力总数计算教育增加的基本劳动力数量所占比例，分析高等教育和非高等教育的经济增长贡献。

参照全国教育经济学研究会编写的《教育经济学概论》，以小学四年级以下教育水平的劳动者为“基准”劳动力，设为 1，其他各级教育程度劳动力的劳动简化比分别如表 5.3 所示①。选择这种教育尺度的劳动简化法，一是便于根据教育层级进行分类，二是兼顾接受教育很少的劳动力的身体资本——作为基本劳动力的基础，将未接受完小学教育的劳动者作为一个基本劳动力当量，这样就可以确定劳动者受过更高教育增加的劳动力当量。

① 劳动简化比系数参考：靳希斌．教育经济学［M］．北京：人民教育出版社，2009：416.

表 5.3 各级教育程度劳动简化比

教育级别	小学四年级以下	小学毕业	初中毕业	高中毕业	中专毕业	大学毕业	研究生毕业
劳动简化比	1	1.375	2	2.75	2.75	3.625	4.5
增加劳动力	0	0.375	0.625	0.75	0.75	0.775	0.875
基期/万人	—	149	18.5	3.6	6.8	3.2	—

其一，核算基年各教育层级增加的简化劳动力当量存量。取 1950—1956 年各教育层级的毕业生平均变化率，分别得到高等教育毕业生的增长率为 0.232 3，高中毕业生的增长率为 0.163 7，初中毕业生的增长率为 0.223 5，小学生毕业生的增长率为 0.315 1，中专生毕业生的增长率为 0.150 6。同时，计算各教育层级劳动力简化存量时，需要加进基期的存量。

故利用公式（5.7），结合 1952 年各级教育毕业生的数据，得到以 1952 年为基期的各级教育毕业增加的劳动力当量存量为

高等教育毕业增加的劳动力当量存量 = 3.2/（0.232 3+0.1）×0.775 = 7.463（万）简化劳动力

高中教育毕业增加的劳动力当量存量 = 3.6/（0.163 7+0.1）×0.75 = 10.239（万）简化劳动力

中专教育毕业增加的劳动力当量存量 = 6.8/（0.150 6+0.1）×0.75 = 20.351（万）简化劳动力

初中教育毕业增加的劳动力当量存量 = 18.5/（0.223 5+0.1）×0.625 = 35.742（万）简化劳动力

小学教育毕业增加的劳动力当量存量 = 149/（0.315 1+0.1）×0.375 = 134.606（万）简化劳动力

依此进行往后年份的存量核算，直到基期后各教育毕业生达到相应老化年龄为止。

其二，计算各级教育毕业生历年增加的简化劳动力流量。国内的各级毕业生以各期统计年鉴数据为基础计算。中小学、高等教育阶段都有出国留学的情况，虽然出国留学生较多，但回国者则是在提高了学历以后归国，同时考虑到出国受教育者对国内学科建设的正向影响，这里为简化处理，假定出国失去的教育形成的劳动力当量与学成回归者所增加的教育劳动力当量平衡。

其三，核算历年各级教育的劳动力存量。一般按照普通高等教育毕业后 38 年服务期、研究生毕业 35 年服务期、高中（或中专）毕业 42 年服务期、

初中（或职业中学）毕业45年服务期、小学毕业48年服务期汇总各级教育形成简化劳动力存量。高等教育形成的简化劳动力存量的核算结果如表5.4所示。

表5.4　我国高等教育形成的简化劳动力存量　　单位：万个

年份	简化劳动力	年份	简化劳动力	年份	简化劳动力	年份	简化劳动力
1952	7.46	1967	142.17	1982	295.34	1997	951.36
1953	11.18	1968	153.90	1983	321.69	1998	1 009.13
1954	14.83	1969	165.64	1984	344.18	1999	1 067.82
1955	19.09	1970	173.63	1985	370.16	2000	1 132.71
1956	23.97	1971	174.09	1986	402.10	2001	1 203.44
1957	28.31	1972	175.41	1987	445.74	2002	1 298.27
1958	33.89	1973	177.73	1988	492.17	2003	1 438.93
1959	39.32	1974	181.07	1989	540.07	2004	1 626.38
1960	49.86	1975	190.29	1990	583.29	2005	1 871.06
1961	61.57	1976	201.84	1991	630.01	2006	2 174.39
1962	75.38	1977	216.87	1992	675.42	2007	2 537.09
1963	90.93	1978	229.66	1993	717.88	2008	2 956.04
1964	106.82	1979	236.26	1994	764.82	2009	3 399.67
1965	121.38	1980	247.69	1995	825.66	—	—
1966	132.41	1981	259.57	1996	888.55	—	—

注：1. 表5.4中的高等教育毕业生包括专科生、本科生以及研究生，表中的简化劳动力存量为高等教育增加的劳动力存量。

2. 表格中“—”表示缺乏数据没有计算值，书中其他表同。

分析表5.4中的高等教育增加的简化劳动力存量数值发现，1952—2009年，我国高等教育形成的简化劳动力存量增长速度较快，增加了454.7倍，由1952年的7.46万个简化劳动力，增加为2009年的3 399.67万个。在中华人民共和国成立初期，由于高等教育规模很小，因而其简化劳动力存量相应较小，虽说其增长速度较快，但是其增长幅度很低；1970—1981年，高等教育形成的简化劳动力存量增长率低于0.05，增长幅度也很小；1982—2009年，高等教育形成的简化劳动力存量增长率较高，增长幅度也逐年上升。进入21世纪，由于高等教育规模扩大，进入大众化阶段，高等教育历年毕业生形成的简化劳动力增量甚至达到几百万，极大地提高了我国劳动力素质。

通过计算历年非高等教育形成的简化劳动力流量，并将各级教育毕业生的服务年限进行汇总得到非高等教育形成的简化劳动力存量，如表 5. 5 所示。

表 5. 5　我国非高等教育形成的简化劳动力存量　　单位：万个

年份	简化劳动力	年份	简化劳动力	年份	简化劳动力	年份	简化劳动力
1952	200. 94	1967	5 109. 16	1982	30 000. 11	1997	55 406. 48
1953	348. 93	1968	6 043. 44	1983	31 561. 01	1998	57 526. 23
1954	527. 39	1969	6 864. 10	1984	33 091. 06	1999	59 733. 76
1955	727. 90	1970	7 923. 40	1985	34 670. 40	2000	61 876. 64
1956	953. 48	1971	9 043. 25	1986	36 328. 45	2001	64 106. 67
1957	1 234. 70	1972	10 390. 08	1987	38 068. 21	2002	66 417. 68
1958	1 560. 91	1973	11 873. 03	1988	39 798. 60	2003	68 804. 35
1959	1 904. 75	1974	13 432. 15	1989	41 484. 61	2004	71 209. 47
1960	2 319. 89	1975	15 190. 59	1990	43 156. 60	2005	73 693. 54
1961	2 719. 93	1976	17 291. 23	1991	44 828. 04	2006	76 132. 66
1962	3 087. 31	1977	19 695. 41	1992	46 504. 86	2007	78 621. 15
1963	3 409. 98	1978	22 140. 68	1993	48 197. 34	2008	81 056. 86
1964	3 752. 34	1979	24 518. 28	1994	49 878. 37	2009	83 512. 89
1965	4 153. 64	1980	26 389. 04	1995	51 659. 64	2010	—
1966	4 622. 50	1981	28 304. 63	1996	53 483. 87	2011	—

1952—2009 年，我国非高等教育形成的简化劳动力存量增长了 414. 6 倍，由 1952 年的 200. 94 万个增加为 2009 年的 83 512. 89 万个。非高等教育形成的简化劳动力存量增长速度由 20 世纪 50 年代的 0. 30 逐渐下降为 21 世纪初的 0. 03 左右。随着我国基础教育逐渐走向普及，非高等教育形成的简化劳动力存量的增长速度变得较为平稳，但因为存量基数较大，近年来其存量增加都达到 2 000 万个简化劳动力，远远高于早期的增长幅度。

其四，比较分析高等教育、非高等教育形成的简化劳动力存量。分析发现高等教育形成的简化劳动力存量与非高等教育形成的简化劳动力存量之间的比值波动很大，如图 5. 4 所示。1952—1959 年，非高等教育、高等教育形成的简化劳动力存量的比值由 26. 92 上升为 1959 年的 48. 45；1960—1965 年逐渐下降为 34. 22；1966—1981 年，该比值逐年上升，到 1981 年到达最高值 109. 05；

1982—2009 年，该数值逐年下降，在 2009 年降为 24. 57。

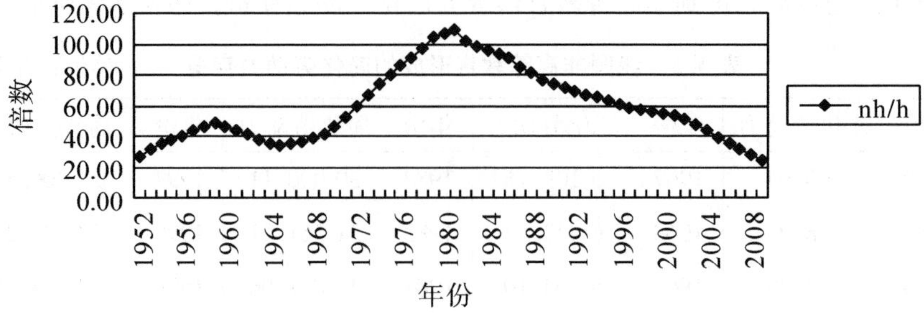

图 5. 4 非高等教育与高等教育形成的简化劳动力存量比值

从理论上分析，除了在整个教育流程的早期，基础教育毕业届数多于高等教育毕业届数外，随着时间无限递延，如果每个人都接受高等教育，则非高等教育形成的简化劳动力与高等教育形成的简化劳动力的比率的均衡值应该为 2. 258 06，即（0. 375+0. 625+0. 75）/0. 775＝ 2. 258 06。

可是，在现实中，两者比值远远高于理论均衡值 2. 258 06，其偏差的原因在于两个方面：一是我国高等教育发展的规模相对较小，特别是在 20 世纪 90 年代扩大招生以前，高等教育入学率非常低，培养的人才总量也非常小；二是许多青少年在接受完基础教育特别是小学、初中教育后没有继续接受更高层次的教育。当然，随着我国高等教育规模逐渐扩大由精英教育阶段、大众化阶段再过渡到普及化阶段，非高等教育形成的简化劳动力与高等教育形成的简化劳动力比值将会进一步降低。从总体上看，我国经济、社会的发展对人力资源开发的层次还比较低，主要依赖于初级教育和中等教育培养的劳动力，相对来说较少倚重高素质人才和技术创新人才，高等教育的发展还存在很大空间。

5. 3 核算结果的比较

运用教育投入总量法核算的人力资本与教育—劳动简化法核算得到的人力资本，在高等教育与非高等教育的人力资本形成方面存在什么特点呢？在上面两节核算的基础上，这里有必要比较一下高等教育、非高等教育形成的单位简化劳动力所耗费的教育投入及其变化趋势。

其一，计算高等教育、非高等教育的单位简化劳动力所耗费的投入量，发现两者之间差距非常大，具体情况如图 5. 5 所示。图 5. 5 中的 uslnh、uslh 分别表示非高等教育和高等教育形成单位简化劳动力的投入。

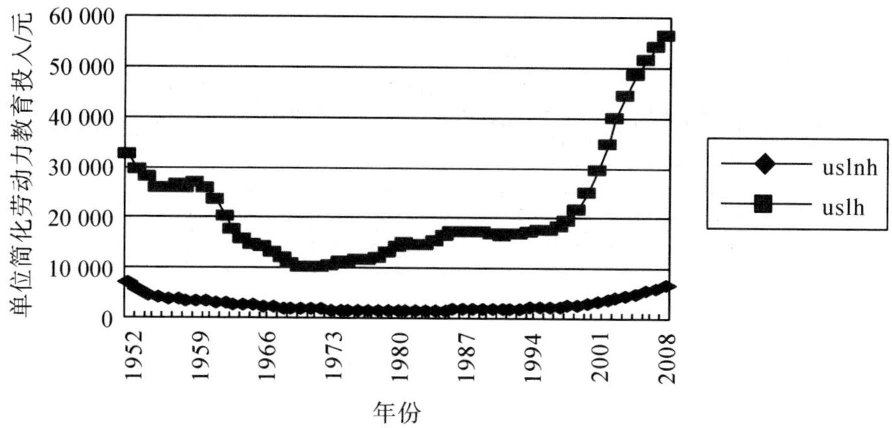

图 5.5　单位简化劳动力的教育投入

1952—2008 年，非高等教育形成的单位简化劳动力的投入呈宽口的“U”形或浅碟形曲线，形成单位简化劳动力的投入由 1953 年的 5 596 元，逐渐下降为 1983 年的 1 555.4 元，随后逐渐上升为 2008 年的 6 834 元。

高等教育形成的单位简化劳动力的投入表现为波动的、不规则的“U”形曲线。在 1952 年，高等教育形成单位简化劳动力需要耗费的投入为 32 248 元，然后在波动中下降，到 1971 年为 9 890 元；1972—1998 年，平稳上升构成“U”形曲线的底部，1998 年为 19 469 元；自 1999 年，单位简化劳动力的高等教育投入迅速上升，构成“U”形曲线的右壁，到 2008 年上升为 56 144 元。

其二，分析高等教育、非高等教育形成单位简化劳动力的投入比值变化，发现单位简化劳动力的高等教育投入与非高等教育投入之间的比率在波动中略有上升。

如图 5.6 所示，单位简化劳动力的高等教育投入与非高等教育投入的比率由 1952 年的 4.44 逐渐在波动中上升为 2008 年的 8.22，其间出现了 1952—1970 年、1971—1997 年和 1998—2008 年三次明显的周期性波动。可见，相对于非高等教育而言，单位简化劳动力的高等教育投入逐渐升高，高等教育投入成本的提高不利于国民素质进一步提高，其中的原因除高等教育效率外，最重要的就是高等教育的机会成本提高较快。

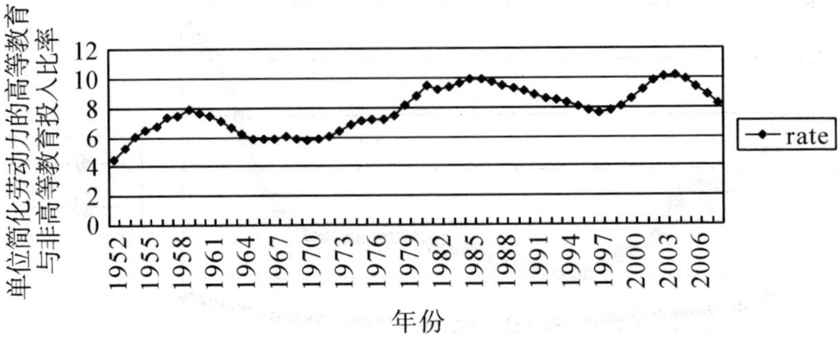

图 5.6　单位简化劳动力的投入比率

本章小结

本章采用教育投入总量法和教育劳动简化法两种方法核算了高等教育形成的人力资本存量，分析了高等教育形成的人力资本存量变化规律。目的是从不同的视角衡量高等教育对人力资本的影响，并加以比较分析，同时也是为后面章节进一步研究高等教育投入的经济、社会发展促进作用奠定基础。

教育投入形成的人力资本存量包括直接投入形成的人力资本存量和接受教育者的机会成本存量。1952—2008 年，我国非高等教育投入形成的人力资本存量增长了 300 多倍，高等教育投入形成的人力资本存量增长了 522 倍。非高等教育投入形成的人力资本存量在 1978 年后增长幅度较大，而高等教育投入形成的人力资本存量在 1996 年以后增长幅度才较大。

高等教育机会成本形成的人力资本存量在 1952 年为 8.63 亿元，2008 年增长为 8 519.21 亿元，增长了 986 倍，平均每年增长约 13.1%。非高等教育机会成本形成的人力资本存量由 1952 年的 80.03 亿元，增长为 2008 年的 35 545.18 亿元，增长了 443 倍，平均每年增长约 11.5%。

汇总教育投入形成的人力资本存量和机会成本形成的人力资本存量发现，1952—2008 年，高等教育形成的人力资本存量增长了 688.5 倍，由 1952 年的 24.07 亿元增长到 2008 年的 16 596.3 亿元；非高等教育形成的人力资本存量增长了 378.8 倍，由 1952 年的 145.86 亿元增长为 2008 年的 55 396.3 亿元。

无论从教育的直接投入和机会成本角度，还是从增加的简化劳动力数量来核算教育形成的人力资本存量，都可以发现，在我国现有劳动力中，高等教育所形成的人力资本存量远远低于非高等教育所形成的人力资本存量，其比值经常发生波动。1952—1978 年，非高等教育形成的人力资本存量与高等教育形成的人力资本存量的比值逐渐上升，由最初的 5.8 逐渐上升为 1978 年的 12.92；1979—2008 年，该比值逐年下降，到 2008 年降为 3.34。

1952—1959 年，非高等教育、高等教育形成的简化劳动力存量的比值由 26.92 上升为 1959 年的 48.45；1960—1965 年逐渐下降为 34.22；1966—1981 年，该比值逐年上升，到 1981 年达到最高值 109.05；1982—2009 年，该数值逐年下降，在 2009 年降为 24.57。

总体来说，我国高等教育发展还存在较大空间，高等教育投入机会成本和迅速上升是未来制约高等教育发展的主要因素。

附表 5.1　我国城镇居民消费价格指数

年份	上年=100	1991=1	年份	上年=100	1991=1	年份	上年=100	1991=1
1952	102.7	0.349 4	1971	99.9	0.428 2	1990	101.3	0.987 2
1953	105.1	0.358 8	1972	100.2	0.427 8	1991	105.1	1.000 0
1954	101.4	0.377 1	1973	100.1	0.428 6	1992	108.6	1.086 0
1955	100.3	0.382 4	1974	100.7	0.429 1	1993	116.1	1.260 8
1956	99.9	0.383 5	1975	100.4	0.432 1	1994	125.0	1.576 1
1957	102.6	0.383 2	1976	100.3	0.433 8	1995	116.8	1.840 8
1958	98.9	0.393 1	1977	102.7	0.435 1	1996	108.8	2.002 8
1959	100.3	0.388 8	1978	100.7	0.446 8	1997	103.1	2.064 9
1960	102.5	0.390 0	1979	101.9	0.450 0	1998	99.4	2.052 5
1961	116.1	0.399 7	1980	107.5	0.458 5	1999	98.7	2.025 8
1962	103.8	0.464 1	1981	102.5	0.492 9	2000	100.8	2.042 1
1963	94.1	0.481 7	1982	102	0.505 2	2001	100.7	2.056 3
1964	96.3	0.453 3	1983	102	0.515 3	2002	99.0	2.035 8
1965	98.8	0.436 5	1984	102.7	0.525 6	2003	100.9	2.054 1
1966	98.8	0.431 3	1985	111.9	0.539 8	2004	103.3	2.121 9
1967	99.4	0.426 1	1986	107	0.604 1	2005	101.6	2.155 8

附表5.1(续)

年份	上年=100	1991=1	年份	上年=100	1991=1	年份	上年=100	1991=1
1968	100.1	0.423 5	1987	108.8	0.646 4	2006	101.5	2.188 2
1969	101	0.424 0	1988	120.7	0.703 2	2007	104.5	2.286 6
1970	100	0.428 2	1989	116.3	0.848 8	2008	105.6	2.414 7

注：1. 附表5.1中1952—2008年的数据为《中国统计年鉴》（历年）城镇居民消费品价格指数。

2. 价格折算指数根据历年价格指数计算而得。

附表5.2　我国劳动者历年平均工资　　单位：元

年份	平均工资	年份	平均工资	年份	平均工资	年份	平均工资	年份	平均工资
1952	445	1964	586	1976	575	1988	1 747	2000	9 333
1953	495	1965	590	1977	576	1989	1 935	2001	10 834
1954	517	1966	583	1978	615	1990	2 140	2002	12 373
1955	527	1967	587	1979	668	1991	2 340	2003	13 969
1956	601	1968	577	1980	762	1992	2 711	2004	15 920
1957	624	1969	575	1981	772	1993	3 371	2005	18 200
1958	536	1970	561	1982	798	1994	4 538	2006	20 856
1959	512	1971	560	1983	826	1995	5 348	2007	24 721
1960	511	1972	588	1984	974	1996	5 980	2008	28 898
1961	510	1973	587	1985	1 148	1997	6 444	2009	32 244
1962	551	1974	584	1986	1 329	1998	7 446	2010	—
1963	576	1975	580	1987	1 459	1999	8 319	2011	—

注：附表5.2中的数据来自《中国统计年鉴》（历年）。

附表 5.3　我国高等教育在校生人数　　单位：万人

年份	在校生数	年份	在校生数	年份	在校生数	年份	在校生数	年份	在校生数
1952	19.1	1964	68.5	1976	56.2	1988	206.6	2000	556.1
1953	21.2	1965	67.4	1977	62.5	1989	208.2	2001	719.1
1954	25.3	1966	53.4	1978	85.6	1990	206.3	2002	903.4
1955	28.8	1967	40.9	1979	102	1991	204.4	2003	1 108.6
1956	40.3	1968	25.9	1980	114.4	1992	218.4	2004	1 333.5
1957	44.1	1969	10.9	1981	127.9	1993	253.6	2005	1 561.8
1958	66	1970	4.8	1982	115.4	1994	279.9	2006	1 738.8
1959	81.2	1971	8.3	1983	120.7	1995	290.6	2007	1 884.9
1960	96.2	1972	19.4	1984	139.6	1996	302.1	2008	2 021.0
1961	94.7	1973	31.4	1985	170.3	1997	317.4	2009	2 144.7
1962	83	1974	43	1986	188	1998	340.9	2010	—
1963	75	1975	50.1	1987	195.9	1999	413.4	2011	—

注：附表 5.3 中数据来自《新中国 55 年统计年鉴》和《中国统计年鉴》（2005—2010 年），高等教育的专科、硕士、博士研究生都由统计部门经过折算为本科学生。

附表 5.4　我国历年各级教育毕业生数　　单位：万人

年份	高等教育	高中	中专	初中	职业中学	普通小学
1952	3.2	3.6	6.8	18.5	—	149
1953	4.8	5.6	11.8	39.8	—	293.5
1954	4.7	6.8	16.9	57.6	—	332.5
1955	5.5	9.9	23.5	87	—	322.9
1956	6.3	15.4	17.4	78.5	—	405.1
1957	5.6	18.7	14.6	111.2	—	498
1958	7.2	19.7	19.1	111.6	—	606.3
1959	7	29.9	28.9	149.1	2.1	547.3
1960	13.6	28.8	26.8	142.2	14.9	734
1961	15.1	37.9	34	189.2	16.1	580.8

附表5.4(续)

年份	高等教育	高中	中专	初中	职业中学	普通小学
1962	17.7	44.1	30.5	158.4	4.5	559
1963	19.9	43.3	19.6	152.3	2.4	476.8
1964	20.4	36.7	16.5	138.6	4.9	567.4
1965	18.6	36	9.1	173.8	13.6	667.6
1966	14.1	28	11.9	162	—	900.5
1967	12.5	26.8	17	186.4	—	899.5
1968	15	79.4	19.7	519	—	1 428.2
1969	15	38	10.3	361.4	—	1 489.5
1970	10.3	67.6	2.8	618.9	—	1 652.5
1971	0.6	100.4	8.9	835	—	1 376
1972	1.7	215.9	9.5	1 035.5	—	1 414.9
1973	3	349.4	12.2	1 129.4	—	1 349
1974	4.3	417.9	16.6	1 060.6	—	1 521
1975	11.9	447	24.8	1 047.7	—	1 999.4
1976	14.9	517.2	33.9	1 206	—	2 489.5
1977	19.4	585.8	34	1 558.6	—	2 573.9
1978	16.5	682.7	23.2	1 692.6	—	2 287.9
1979	8.5	726.5	18.1	1 657.9	—	2 087.9
1980	14.7	616.2	41	964.7	7.9	2 053.3
1981	14.0	486.1	60.5	1 154.2	9.4	2 075.7
1982	45.7	310.6	44.6	1 032.1	13.1	2 068.9
1983	33.5	235.1	37.5	960.3	21.6	1 980.7
1984	28.7	189.8	37.6	950.4	27.8	1 995.0
1985	31.6	196.6	42.9	998.3	41.3	1 999.9
1986	39.3	224.0	49.6	1 057.0	57.9	2 016.1
1987	53.2	246.8	57.8	1 117.3	75.0	2 043.0
1988	55.3	250.6	59.6	1 157.2	81.0	1 930.3

附表5.4(续)

年份	高等教育	高中	中专	初中	职业中学	普通小学
1989	57.6	243.2	59.1	1 134.3	86.3	1 857.1
1990	61.4	233.0	66.1	1 109.1	89.3	1 863.1
1991	61.4	222.9	74	1 085.5	94.5	1 896.7
1992	60.4	226.1	74.3	1 102.3	96.7	1 872.4
1993	57.1	231.7	73.6	1 134.2	102.5	1 841.5
1994	63.7	209.3	72.9	1 152.6	107.6	1 899.6
1995	80.5	201.6	83.9	1 227.4	124.0	1 961.5
1996	83.9	204.9	101.9	1 279.0	139.6	1 934.1
1997	82.9	221.7	115.7	1 442.4	150.1	1 960.1
1998	83.0	251.8	129.3	1 580.2	162.8	2 117.4
1999	84.8	262.9	140.2	1 589.8	167.8	2 313.7
2000	95.0	301.5	150.7	1 607.1	176.3	2 419.2
2001	103.6	340.5	144.2	1 707.0	166.5	2 396.9
2002	133.7	383.8	148.4	1 879.9	145.4	2 351.9
2003	187.7	458.1	140.6	1 995.6	135.5	2 267.9
2004	239.1	546.9	151.4	2 070.4	142.5	2 135.2
2005	306.8	661.6	186.5	2 106.5	170.0	2 019.5
2006	377.5	727.1	220	2 062.4	179.5	1 928.5
2007	447.8	788.3	253.6	1 956.8	197.7	1 870.2
2008	511.9	836.1	281.9	1 862.9	216.7	1 865.0
2009	531.1	823.7	313.13	1 794.7	232.1	1 805.2

6　我国高等教育投入的经济和社会效应

研究高等教育投入战略和国家、家庭高等教育投入分担比例，必须了解高等教育对经济社会发展的贡献。探索高等教育对经济发展的促进效应，即以我国过去几十年来高等教育对经济发展的影响规律为指导，针对不同经济发展目标，分析我国高等教育发展战略，确定高等教育发展速度和规模，为进一步探讨高等教育投入规模和分担比例建立依据。

6.1　高等教育投入的经济增长分析

随着人类社会发展，知识在经济发展中将发挥越来越大的作用。经济增长由依靠要素投入增加逐渐转向依靠要素质量提升、依靠要素生产效率提高，即由粗放型增长方式向集约型增长方式转变。人们对资本的认识不断深化。舒尔茨认为，完整的资本概念包括物力和人力资本，后者是指凝聚在劳动者身上的知识、技能及其表现出来的能力，而物质资本质量的提升及其效用发挥又取决于人力资本技能和技术高低，劳动者身上的这种能力是影响生产效率增长和经济增长的主要因素。人力资本提高的关键在于教育，教育"抽引"人的潜在能力，发展人的道德和智力，使之善于个人选择和社会选择，通过系统教学使之适合某种行业，培养、训练与形成人的各种能力①。实现经济增长转型和可持续发展，实证分析教育发展，特别是高等教育发展对我国经济增长的贡献具有政策参考意义。

教育有广义和狭义之别，广义教育，泛指所有形式的学习、培训活动；狭

---

① 舒尔茨. 教育的经济价值 [M]. 曹延亭，译. 长春：吉林人民出版社，1982：14.

义教育，则主要是指学校对公民进行的传授知识的活动。这里从狭义角度研究我国劳动力的学校教育水平提高对经济增长效率的贡献。

6.1.1 经济增长的理论分析

研究教育与经济增长之间关系的方法通常有教育经济效益的计量方法、劳动简化法、生产函数法、报酬率计算法、经济增长因素分析法和现值折算法。其中，教育经济效益的计量方法是运用相关分析，探讨国民经济指标与教育水平、教育经费与国民生产总值、教育水平与人均收入等之间的关系，但其只能说明相关关系，难以确定因果关系；生产函数法将教育视为一种生产投入要素，利用各种具体生产函数，应用回归分析计算出经济增长剩余作为教育的经济效益；报酬率计算法计算教育投资与受教育者获得的收益增量的关系，通常将教育的内在报酬率与银行利率或指定贴现率比较，判断教育投资的有效性；经济增长因素分析法是美国经济学家丹尼森估算 1929—1969 年美国经济增长中教育的贡献采用的方法，他发现教育对经济发展贡献所占的比例达到 12.3%；美国经济学家沃尔什的现值折算法利用个人教育费用和预期收入相比衡量教育收益。上述研究方法在数据可得性以及因果逻辑推理等方面存在问题。

这里试图运用劳动简化法核算我国教育对经济增长的贡献，该方法的优点是数据收集方便，逻辑推导比较清晰。该方法将具有某一文化程度的劳动力作为标准劳动力，然后按一定的比例将高于（低于）这一水平的劳动力折合成标准劳动力的当量，计算出以教育增长为标志的劳动力投入增量，进而计算出教育的经济效益①。虽然比例系数不一定能准确反映劳动的复杂程度，但通过参考多位权威研究者的经验数据，可以达到一定的精确度②。运用劳动简化法需要计算基期年份和报告期年份的国民收入和劳动人数当量值，确定劳动简化系数。其中，劳动简化系数确定标准分别有：以不同教育程度的工资差别、以劳动者受教育年限长短、以劳动者受教育的成本费用。

计算社会平均劳动简化系数和劳动者受教育水平提高所增加的劳动量，即

$$增加劳动量=实际劳动力总数\times社会平均劳动简化系数-实际劳动力总数$$

$$贡献率=增加的劳动量/实际劳动力总数$$

计算教育对国民收入或经济增长的贡献，即

---

① 杨葆焜，范先佐. 教育经济学新论［M］. 南京：江苏教育出版社，1998：223.

② 靳希斌. 教育经济学［M］. 北京：人民教育出版社，2009：416.

贡献=[报告期国民收入总额×贡献率-基期国民收入总额×贡献率]/[报告期国民收入总额-基期国民收入总额]

为了衡量高等教育形成的简化劳动力对经济增长的贡献，本节试图从两个角度进行研究：一是分析接受了高等教育的劳动者数量比例及其变化对经济增长的贡献；二是运用第5章所得高等教育这一层级教育所增加的简化劳动力数量，计算其在简化劳动力增量中所占比例，进一步深入分析高等教育对经济增长的贡献。

这里，教育水平数据来自《中国统计年鉴》(2004—2010年)及《新编中国统计年鉴55年》(1949—2004年)。以不同教育水平的劳动力的简化劳动力当量或简化劳动力总量作为标准来计算高等教育劳动力当量或高等教育增加的简化劳动力当量，从而分析高等教育对经济增长的贡献。

6.1.2 高等教育劳动力经济效应

随着教育事业的发展，我国居民的教育水平有了较大的提高。利用历年全国人口变动情况统计抽样数据，计算出6岁及以上抽样人口的平均受教育年限在1990年为6.24年，2008年平均受教育年限上升到8.17年。我国劳动力受教育水平也有较大提升，1990—2008年，我国劳动者中不识字或文盲率由24%下降到6.7%，接受小学教育的劳动者的比例由37%降为29.9%，而接受初中、高中（专）和高等教育的劳动者比例分别由27%、10%和2%上升到44.9%、11.9%和6.63%，平均受教育年限由6.24年上升到8.3年。那么，1990年以来教育的发展为经济增长做出的贡献有多大呢?

在利用劳动简化法核算教育发展对经济增长的贡献时，其中一个问题就是确定不同教育水平的劳动简化系数。不同研究者运用各种标准来确定不同教育程度的劳动者的劳动简化系数，分别有学制年限尺度、总课时尺度、劳动生产率标准等。这里以教育年限为尺度对劳动力进行简化，沿用全国教育经济学研究会标准设定小学四年级以下教育水平的劳动者为基准劳动力，则小学、初中、高中（中专）、专科、大学、研究生的劳动简化比分别为：1.375、2、2.75、3.5、3.625和4.5[①]。对1978年、1990年和2008年三年的劳动简化比计算结果如表6.1所示。

① 范先佐. 教育经济学新编［M］. 北京：人民教育出版社，2010；靳希斌. 教育经济学［M］. 北京：人民教育出版社，2009；全国教育经济学研究会. 教育经济学概论［M］. 西宁：青海人民出版社，1983.

表 6.1　平均劳动简化比计算结果

教育层级	1978 年的百分比 t_1	1990 年的百分比 t_2	2008 年的百分比 t_3	劳动简化比 x	t_1x	t_2x	t_3x
文盲半文盲	55.5	24	6.7	1	0.555 00	0.240 00	0.067 00
小学	14.6	37	29.9	1.375	0.200 75	0.508 75	0.411 13
初中	25.159	27	44.9	2	0.503 18	0.540 00	0.898 00
高中(中专)	4.041	10	11.9	2.75	0.111 13	0.275 00	0.327 25
专科	0.470 313	1.297 1	4.3	3.5	0.016 46	0.045 40	0.150 50
大学	0.229 688	0.633 5	2.1	3.625	0.008 33	0.022 96	0.076 13
研究生	0.006	0.069 4	0.23	4.5	0.000 27	0.003 12	0.010 35
平均简化比	—	—	—	—	1.395 11	1.635 24	1.940 35

注：1. 表 6.1 中各教育层级劳动者比例数据根据历年统计年鉴数据计算而得。

2. 劳动简化比系数参考靳希斌著《教育经济学》，人民教育出版社，2009 年第 416 页。本章其他表同。

我国在 1978 年、1990 年和 2008 年的劳动就业人口分别为 40 152 万人、64 749 万人和 77 480 万人，结合表 6.1 计算得到的劳动简化比，可将各年社会劳动量折算成简单劳动量。1978 年折算后的劳动力人数为 56 016.46 万人，1990 年折算后的劳动力人数为 105 880.2 万人，2008 年折算后的劳动力人数为 150 338.3 万人。具体如表 6.2 所示。

我国接受高等教育的劳动者比例逐年增长，1978 年接受高等教育的劳动者占全体劳动者的 0.706%，1990 年接受高等教育的劳动者也仅占 2%，2008 年该比例上升为 6.63%。

表 6.2　1978 年、1990 年和 2008 年劳动力简化及增量

年份	劳动力自然总数/万人	增量后劳动力总数/万人	实际增加劳动力数/万人	教育增加劳动力占总劳动力比例/%	高等教育劳动者简化劳动力	
					总数/万人	占比/%
1978	40 152	56 016.46	15 864.46	0.283	1 006.21	1.796
1990	64 749	105 880.2	41 131.2	0.388	4 628.26	4.371
2008	77 480	150 338.3	72 858.3	0.485	18 361.21	12.213

注：表 6.2 中各教育层级劳动者比例数值来自历年《中国统计年鉴》数据或根据其数据计算而得。

1978 年、1990 年和 2008 年，因为教育水平提高而增加的劳动量在各年国民收入中的贡献分别是多少呢？在研究教育水平提高对经济增长的贡献时，为了使不同年份之间具有可比性，利用消费价格指数将各年国民收入和工资进行平减，将 1990 年和 2008 年的国民收入折算成 1978 年价格水平下的国民收入，运用统计年鉴的消费价格指数数据，分别求得 1990 年的折算系数为 2.262，2008 年折算系数为 5.463。1978 年、1990 年和 2008 年的经过折算的国民收入分别为 3 645.2 亿元、8 572.632 亿元和 55 444.74 亿元，而三个年份对应的职工平均工资分别折算为 615 元、946.124 元和 5 153.085 元。

计算可得：如果仅从简化劳动力总量看，接受高等教育的劳动者对我国经济总量的贡献在 1978—2008 年逐渐提高。在 1978 年、1990 年和 2008 年，接受高等教育的劳动者生产的产值分别仅占总数的 1.796%、4.371% 和 12.213%。可见，单纯从增加的简化劳动力数量占比看，高等教育接受者对经济总量的贡献，虽然在不断上升，但仍然偏低。这主要是由于我国劳动者接受高等教育的比例过低，随着我国高等教育规模的扩大和劳动者的老化退休，将来劳动者中接受高等教育的比例会逐渐提高，接受高等教育的劳动者对经济总量的贡献会逐年上升，经济质量也会相应提高。

随着我国教育水平提高，劳动者技能提升，其价值创造能力也越来越强，如表 6.3 所示，其增加的劳动量创造的国民收入占比在 1978 年、1990 年、2008 年分别为 28.3%、38.8% 和 48.5%，呈不断上升之势，教育水平提高对经济发展所做的贡献越来越大。

表 6.3　中国 1978 年、1990 年和 2008 年国民收入增长基本指标

指标	1978 年	1990 年	2008 年
劳动力自然总数/万人	40 152	64 749	77 480
国民收入折算后值/亿元	3 645.2	8 572.632	55 444.74
其中靠提高劳动者教育程度			
按百分比/%	28.3	38.8	48.5
按价值/亿元	1 031.6	3 326.2	26 890.7
每个从业劳动力创造的国民收入/元	907.85	1 323.98	7 156.01

注：1. 为了实现不同年份产值的可比性，将产值通过价格指数折算为 1978 年的价格水平下的产值。

2. 靠提高劳动者教育程度而产生的价值=国民收入折算后值×靠教育增加的劳动力百分比。

3. 每个从业劳动力创造的国民收入=国民收入折算后值/从业劳动力自然总数。

国民收入的增长主要依赖于劳动生产率的提高和劳动力数量的增加，其中生产率的提高是关键。提高社会劳动生产率的因素有提升生产设备程度和劳动力技术水平，而先进设备的操控和运转及劳动力技术的提高都依赖于劳动力教育水平的提升。那么，自 1978 年，我国国民收入的增长中，教育发展所做的贡献占有多大比例呢？根据劳动简化法计算结果如表 6.4 所示。

表 6.4　中国 1978—2008 年国民收入的因素增长额

指 标	1978—1990 年增长额		1990—2008 年增长额		1978—2008 年增长额	
	亿元	百分比	亿元	百分比	亿元	百分比
国民收入全部增长额	4 927.43	100	46 872.11	100	51 799.54	100
其中：靠增加劳动力人数（增加的产值总量）	2 233.039	45.3	1 685.559	3.60	3 388.822	6.54
靠提高劳动生产率	2 694.391	54.7	45 186.55	96.4	48 410.72	93.46
其中：提高劳动力教育程度和熟练程度	2 294.6	46.57	23 564.5	50.27	25 859.1	49.92
提高劳动装备程度	399.791	8.13	21 622.05	46.13	22 551.62	43.54

注：1. 依靠增加的劳动力数量增加的产值=劳动力绝对数增加值×基期的劳动力平均产值，其中，基期的劳动力平均产值=基期总产值与基期自然劳动力绝对数的比率。

2. 劳动生产率提高增加的总产值=国民收入全部增长额-靠增加劳动力人数增加的产值总量，该项增加值包含靠提高劳动力教育程度和熟练程度以及靠提高劳动装备程度而增加的产值。

3. 提高劳动力教育程度和熟练程度而增加的产值=本期总产值×本期靠提高教育程度和熟练程度而变动的劳动力比例-基期总产值×基期靠提高教育程度和熟练程度而变动的劳动力比例。

4. 靠提高劳动装备程度增加的产值=靠提高劳动生产率增加的产值-靠提高劳动力教育程度和熟练程度而增加的产值。

6.1.3　高等教育对经济增长的贡献

根据第 5 章表 5.4 和表 5.5 的计算结果，在上文研究的时间区间内，分析我国高等教育和非高等教育形成的简化劳动力对经济增长的贡献，其结果如表 6.5 所示。

表 6.5　高等教育增加的简化劳动力存量

年份	总产值/亿元	劳动力数/万人	高等教育简化劳动力/万人	非高等教育简化劳动力/万人
1978	3 645.2	40 152	229.66	22 140.68
1990	8 572.632	64 749	583.29	43 156.60
2008	55 444.74	77 480	2 956.04	81 056.86

注：表 6.5 中的高等教育和非高等教育形成的简化劳动力数值根据历年《中国统计年鉴》中的毕业生数据计算而来，表中的简化劳动力数值是该教育层级所产生的简化劳动力增加值存量。

在 1978—1990 年、1990—2008 年和 1978—2008 年三个阶段，教育程度提高对经济产值增长的贡献度分别为 79.87%、56.18%和 56.89%，可以说，教育通过提高劳动力技术水平和文化素质极大地促进了我国经济增长和经济质量的提升，具体如表 6.6 所示。相对于非高等教育，我国高等教育形成的简化劳动力数量偏少，在三个阶段对经济增长值的贡献率较低，分别为 1.655%、5.892%和 4.423%。这一方面是因为高等教育规模较小、接受高等教育的劳动者所占比例低；另一方面是因为基础教育年限较长，简化劳动力的增加幅度大，运用劳动简化法核算显然有利于非高等教育，劳动力简化标准的确定对非高等教育的经济增长贡献有一定程度的高估。这些进一步说明继续运用回归模型方法分析高等教育的经济贡献非常有必要。

表 6.6　高等教育增加的产值计算

阶段	总产值增加额/亿元	教育程度提高增加值/亿元	教育对经济增加值的贡献比例/%	高等教育增加简化劳动力比例/%	非高等教育增加简化劳动力比例/%	高等教育提高所增加的产值/亿元
1978—1990年	4 927.432	2 152.018	79.87	1.655	98.345	35.61
1990—2008年	46 872.11	25 387.57	56.18	5.892	94.108	1 495.75
1978—2008年	51 799.54	27 539.58	56.89	4.423	95.577	1 218.04

注：1. 表 6.6 中教育程度提高增加值=本期总产值×本期靠提高教育程度和熟练程度而变动的劳动力比例-基期总产值×基期靠提高教育程度和熟练程度而变动的劳动力比例。

2. 表 6.6 中的数值计算方法同表 6.4，但是教育层级的数据来源有差异，前者依据历年各层级教育的毕业生数据计算简化劳动力，后者数据来源于《中国统计年鉴》劳动力抽样调查数据，因而结果稍有不同。

6.1.4 劳动简化法核算高等教育经济增长

其一，分析高等教育对国民收入总值的贡献份额。从 1978 年、1990 年和 2008 年的数据看，随着国民经济总量的提高，劳动力教育水平的提高对国民收入总量增加的绝对值（经过折算后可比）也在迅速提高。因为教育而增加的经济总量在国民收入总额中所占份额由 1978 年的 28.3%上升到 1990 年的 38.8%、2008 年的 48.5%。无论是总值的绝对额度，还是相对比例都急剧上升，特别是在 2008 年，劳动力教育水平的提高对经济总量的贡献接近 50%，这是非常令人欣喜的成绩。

按照劳动力所占比例，接受高等教育劳动者简化劳动力所占比例较低，受高等教育劳动者对经济发展总量的贡献在 1978 年仅占 1.796%，1990 年为 4.371%，到 2008 年才上升为 12.213%。因此，受高等教育的劳动者所占比例有待提高，以增加经济增长中高等教育的贡献率。

其二，考察高等教育和教育发展对我国经济增长的影响因素。劳动力人数的增加对国民收入增长的贡献比例越来越小，由 1978—1990 年的 45.3%下降为 1990—2008 年的 3.6%，而社会劳动生产率进步对国民收入增长的贡献比例越来越大，在 1978—2008 年提升迅速，由 1978—1990 年的 54.7%提高到 1990—2008 年的 96.4%。

其三，分析我国社会劳动生产率提升的两大主要因素：技术设备提升和劳动者教育水平提高。前者对国民经济增长的贡献度在早期的份额较低，1978—1990 年只有 8.13%，而在后期 1990—2008 年的贡献额度较大，上升为 46.13%，1978—2008 年，设备技术进步对国民收入的贡献度为 43.54%。劳动力教育水平的提高对国民经济增长额的贡献 30 年来一直处于较高水平，在稳中上升，由 1978—1990 年的 46.57%上升到 1990—2008 年的 50.27%。

高等教育对经济增长的贡献比例逐渐提升。在 1978—1990 年、1990—2008 年和 1978—2008 年中，高等教育对经济增长的贡献度分别为 1.655%、5.892%和 4.423%，在三个区间的上下限年份间，因高等教育而产生的经济增长额分别为 35.61 亿元、1 495.75 亿元和 1 218.04 亿元。

总体来说，教育水平提高对经济增长的贡献最大，随着近年来我国生产设备技术提升，劳动力教育发展对国民收入增长的贡献依然占有很大比例。但是，无论是接受高等教育的劳动者对经济总量的贡献，还是高等教育对经济增长效率的贡献都比较低。

6.1.5 本节结论及启示

1978 年以来，高等教育对国民经济总量和增量的贡献逐渐提升，随着近年来生产设备技术提升，这一趋势稳中上升。虽说早期（1978—1990 年）依靠增加劳动力数量实现了国民经济总量的扩张，但是，随着我国经济规模越来越大和劳动力人口增长缓慢甚至减少，我国要实现经济总量继续扩大和人均收入的持续增长，必须依靠提高社会劳动生产率。接受高等教育的劳动者所占比例较少，导致高等教育对经济总量的贡献相应较低。

技术设备的改善是经济增长的重要因素，但其作用发挥最终取决于劳动力教育水平和技能的提高。考虑到技术设备更新的阶段性、投入有限性和使其发挥作用的劳动力的主动性，联系当前我国经济结构调整和升级的迫切形势，提高劳动力教育水平和技能仍然是挖掘我国经济增长潜力的必由之路。

劳动力教育水平上升对我国经济增长做出了巨大贡献，但我国劳动力素质提高仍存在巨大的空间。直到 2008 年年底，我国受教育程度处于初中以下的劳动力占全体劳动力数量的 80%以上，其中受教育程度为小学及以下的劳动力所占比例接近 40%，同时，我国受高等教育的劳动力比例低于 20%，研究生比例不到 1%。这种状况制约着我国经济结构调整和产品升级，不利于我国在国际分工中占据有利地位。

建议国家一方面在经济发达地区逐渐推行高中义务教育和义务职业教育，提高未来进入就业市场的劳动力知识、技能水平；另一方面，制定和完善劳动就业、税收等制度，鼓励发展在职教育和技能培训，鼓励劳动者终身学习。

扩大高等教育规模和优化高等教育结构，提高高等教育的人才培养质量，完善现有劳动者的知识结构和形成钻研技术的工作风气，是适应我国经济结构快速升级和可持续发展的需要。

从劳动简化核算法角度分析，因为高等教育的规模有限，高等教育对我国经济增长和经济效率提高的贡献仍处于较低层次，在深化经济结构改革和产业升级过程中，必须发挥高等教育的人才培养、技术传授和研发功能，促进技术进步，提高经济发展的效率。但是，劳动简化核算法利用教育年限数作为简化劳动力的折算标准，假定不同教育层级的知识和技术具有相同性，忽视了高等教育年限与非高等教育年限的质量差异，在一定程度上就隐含着折算标准低估了高等教育的质量，因而需要采取更加科学的方法来准确分析高等教育的经济效应。

6.2 高等教育投入的经济效应模型分析

人力资本与物质资本是构成资本完整概念的两个方面，也是经济、社会发展的两类重要资本。物质资本主要体现在物质产品上，而人力资本体现在劳动者身上，是凝聚在劳动者身上的知识、技能及其表现出来的能力，这种能力是经济增长的主要因素，教育投资又是人力资本投资的主要部分。在经济、社会发展过程中，人力资本是具有能动性的资本，任何包含先进技术的物质资本，只有在人力资本达到一定的质量标准时才能够被操作并发挥作用，人力资本的提高不仅表现为自身劳动效率的提升，而且可以更加具有创造性和熟练地利用物质资本，并且能够创造新的具有更高技术的物质资本，促进生产效率不断提升。因此，人力资本提升不仅对劳动者自身产生影响，而且对物质资本的效率发挥也产生效应。

6.2.1 高等教育的经济效应模型

长期以来，运用新古典理论研究经济增长时，人们通常将人力资本的贡献简单地归到经济增长剩余中，劳动力仅仅以数量进入分析模型中，而没有将劳动力质量属性变量引入分析模型。Romer Paul M. (1990) 运用扩展的理论模型，将人力资本引入模型中进行分析，克服了视劳动者为简单数量型劳动力的弊端。总产出公式变为①

$$Y(t)=F[K(t),\ A(t)H(t)] \tag{6.1}$$

t 表示期间，$Y(t)$、$K(t)$、$A(t)$、$H(t)$ 分别表示总产出、总物质资本、劳动有效性、人力资本总量。其中，$H(t)=L(t)G(E)$，$L(t)$ 是劳动力总数量，$G(E)$ 是每个劳动者以教育年限（或教育投资量）为变量的人力资本函数，E 为受教育年限（或者教育资本总数），也可以看作平均受教育年限（或者受教育平均资本数）。

为了便于分析，设人力资本函数的形式为

$$G(E)=e^{\varphi(E)},\ \varphi(E)\geqslant 0,\ \varphi(0)=0 \tag{6.2}$$

显然，当 $E=0$ 时，$G(0)=1$。此时，劳动者为一个单位的简单劳动力。

---

① ROMER P M. Endogenous technological change [J]. Journal of political economy, 1990, 98(10): 71-102.

那么，平均人力资本为

$$h(t) \equiv H(t)/L(t) = G(E) \tag{6.3}$$

平均教育年限（或教育资本）为 $E = \sum_{i=0}^{5} \beta_i E_i$。文盲记为 $E=0$。E_i，$i=1, 2, 3, 4, 5$，分别表示获得小学、初中、高中、大学和研究生教育的年限（或者资本）。β_i，$i=0, 1, 2, 3, 4, 5$ 分别表示文盲，接受小学教育、初中教育、高中教育、大学教育和研究生教育的劳动力比例。

在未来 n 年内，需要投入的各个层级的教育经费（educational appropriations，EA）为

$$\mathrm{EA}_i(t) = \mathrm{AE}_i(t) Q_i(t),\ i = 1, 2, 3, 4, 5 \tag{6.4}$$

$\mathrm{AE}_i(t)$，$Q_i(t)$ 分别表示第 t 年第 i 教育层级学生的平均费用和在校生数量。

如果取 $Y(t) = F[K(t), A(t)H(t)]$，为 C-D 函数形式，不妨设

$$Y(t) = K(t)^{\alpha} [A(t)H(t)]^{1-\alpha} \tag{6.5}$$

则劳均产出为

$$y(t) \equiv Y(t)/L(t) = A(t)^{1-\alpha} [K(t)/L(t)]^{\alpha} G(E)^{1-\alpha} \tag{6.6}$$

设劳均物质资本为

$$k(t) \equiv K(t)/L(t) \tag{6.7}$$

则劳均产出公式变为

$$y(t) = A(t)^{1-\alpha} k(t)^{\alpha} G(E)^{1-\alpha} \tag{6.8}$$

那么，关于物质资本、教育投入的劳均边际产出分别为

$$\frac{\partial y(t)}{\partial k(t)} = \alpha A(t)^{1-\alpha} k(t)^{\alpha-1} G(E)^{1-\alpha} \tag{6.9}$$

$$\frac{\partial y(t)}{\partial E} = (1-\alpha) A(t)^{1-\alpha} k(t)^{\alpha} G(E)^{-\alpha} G'(E) \tag{6.10}$$

采用经济学方法分析，物质资本、教育投入应获取的收入分别为

$$\frac{\partial y(t)}{\partial k(t)} k(t) = \alpha A(t)^{1-\alpha} k(t)^{\alpha-1} G(E)^{1-\alpha} k(t) = \alpha A(t)^{1-\alpha} k(t)^{\alpha} G(E)^{1-\alpha} \tag{6.11}$$

$$\frac{\partial y(t)}{\partial E} E = (1-\alpha) A(t)^{1-\alpha} k(t)^{\alpha} G(E)^{-\alpha} G'(E) E \tag{6.12}$$

从理论上分析，当个体的教育投入（人力资本）为 E（或人均教育投入的自然对数值）时，其凭此获取的收入就应为 $\frac{\partial y(t)}{\partial E} E$，在实践中，应近似等于教育投入为 E 的所有劳动者的收入平均值。

为了研究高等教育投入所形成的人力资本对人均收入的影响，这里可以对模型进行改造，在经济增长函数中引入教育投入形成的人力资本，将教育投入存量分为高等教育投入存量和非高等教育投入存量。则公式（6.2）变为

$$G(E)=G(E_h, E_n)=e^{\varphi(E_h, E_n)}, \varphi(E_h, E_n)=e^{\beta_1 E_h+\beta_2 E_n}\geqslant 0, \varphi(0, 0)=0 \tag{6.13}$$

其中，E_h、E_n 分别为劳均高等教育和非高等教育形成的人力资本量的自然对数值或者是高等教育、非高等教育各级教育劳动者所占比例，参数 $\beta_1\geqslant 0$，$\beta_2\geqslant 0$。

相应地，关于劳均产出的公式（6.8）就变为

$$y(t)=A(t)^{1-\alpha}k(t)^{\alpha}G(E)^{1-\alpha}=A(t)^{1-\alpha}k(t)^{\alpha}e^{(1-\alpha)(\beta_1 E_h+\beta_2 E_n)} \tag{6.14}$$

或者

$$y(t)=A(t)^{1-\alpha}k(t)^{\alpha}e^{(1-\alpha)\beta_1 E_h}e^{(1-\alpha)\beta_2 E_n} \tag{6.15}$$

针对劳均产出、劳均物质资本存量和高等教育劳动力比例和非高等教育劳动力比例，结合教育经济理论，可以形成如下假设：

假设6.1：在其他条件保持不变的情况下，劳均物质资本存量越高，劳均产出越高。

假设6.2：在其他条件保持不变的情况下，接受高等教育劳动力所占比例越高，劳均产出越大。

在下文中，将收集数据对上述假设进行验证和分析。

6.2.2 数据的来源及处理

收集《中国统计年鉴》（2004—2010年）和《新编中国统计年鉴55年》（1949—2004年）的高等教育投入、非高等教育投入数据，高等教育毕业生和其他层级教育劳动者数据，物质资本投入数据，国民经济产值、历年劳动者总数、历年价格指数等。

计算劳动力中的高等教育投入存量和非高等教育投入存量，并运用价格指数进行折算，以求不同年份的教育投入具有可比性，或者将接受高等教育和非高等教育各级教育的劳动者比例作为劳动者的质量属性变量引入生产函数。

计算物质资本存量（物质资本存量的计算见附录A），对不同年份的国民生产总值、物质资本投入要素运用相应的价格指数进行折算，以达到可比性。

运用劳动力总量数据结合各级教育投入存量、物质资本存量和国民生产总值计算劳均高等教育投入存量、非高等教育投入存量、劳均物质资本存量以及劳均生产值。

6.2.3 计量模型的分析

对公式（6.14）和公式（6.15）进行计量化处理，将它们取对数得到公式（6.16）

$$\mathrm{Ln}y(t) = (1-\alpha)\ln A(t) + \alpha\ln k(t) + (1-\alpha)\beta_1 E_h + (1-\alpha)\beta_2 E_n + \varepsilon_t \tag{6.16}$$

或者

$$\mathrm{Ln}y(t) = C + \alpha\ln k(t) + (1-\alpha)\beta_1 E_h + (1-\alpha)\beta_2 E_n + \eta_t \tag{6.17}$$

其中，$y(t)$ 为劳均产值，$k(t)$ 为劳均资本存量，E_h、E_n 分别为劳均高等教育投入和非高等教育投入存量，或者是劳均高等教育存量和劳均非高等教育存量，ε_t、η_t 为白噪音变量。

首先，运用计量软件 Eviews3.1 对相关变量进行相关分析和因果关系检验。对劳均国民生产总值、劳均物质资本存量、劳均高等教育投入存量和劳均非高等教育投入存量进行相关分析发现：它们之间呈强正相关关系，相关系数非常高，具体情况如表 6.7 所示。

表 6.7　主要变量的相关系数

	劳均国内生产总值	劳均高等教育投入存量	劳均非高等教育投入存量
劳均高等教育投入存量	0.965 8		
劳均非高等教育投入存量	0.996	0.971	
劳均物质资本存量	0.994	0.938	0.991

注：表中数值根据《中国统计年鉴》（2004—2010 年）和《新编中国统计年鉴 55 年》（1949—2004 年）中数据计算而来。

在滞后一期和滞后二期的条件下，对上述主要变量之间的因果关系进行检验，发现存在如表 6.8 所示的因果关系。

表 6.8　主要变量的因果关系检验

原因变量	ljhecs	ljgdp	ljnhecs	ljzbcl
滞后一期结果变量	ljgdp/ljnhecs/ ljzbcl	ljnhecs/ ljzbcl	ljzbcl	Ljgdp/ljnhecs
滞后二期结果变量	ljgdp/ljnhecs/ljzbcl	ljhecs/ ljzbcl	ljhecs/ ljzbcl	ljhecs/ ljnhecs

注：1. 表中 ljhecs、ljnhecs、ljzbcl 和 ljgdp 分别表示劳均高等教育投入存量、劳均非高等教育投入存量、劳均物质资本存量和劳均国内生产总值。

2. 表中存在因果关系的相伴概率都低于 5%，即至少在 95%的置信水平下存在格兰杰成因。

综合相关分析结果和因果关系检验结论，可以得到：滞后一期的情况下，劳均高等教育投入存量提高促进了劳均物质资本存量、劳均非高等教育投入存量和劳均国内生产总值的增长；劳均国内生产总值提高促进了下一年度的劳均非高等教育投入存量和劳均物质资本存量的增长；劳均非高等教育投入存量提高促进了劳均物质资本存量的增长；劳均物质资本存量提高则促进了劳均国内生产总值和劳均非高等教育投入存量的增长。

在滞后二期的情况下，劳均高等教育投入存量提高促进了劳均物质资本存量、劳均非高等教育投入存量和劳均国内生产总值的增长；劳均国内生产总值提高对劳均高等教育投入存量、劳均物质资本存量具有促进作用；劳均非高等教育投入存量提高对劳均高等教育投入存量及劳均物质资本存量有促进作用；劳均物质资本存量提高分别对劳均高等教育投入存量、劳均非高等教育投入存量具有促进作用。

其次，在相关分析和格兰杰因果检验的基础上进行回归分析，得到的回归方程为

$$\text{ljgdp} = 364.2729 + 0.283239\,\text{ljzbcl}(-1) + 4.221869\,\text{ljhecs}(-2) \quad (6.18)$$
$$(5.974^{*}) \quad (25.00^{*}) \quad (12.519^{*})$$

Ad. R-Sq. =0.995，*表示系数的显著水平为99%以上。方程下面一行的括号中的数值表示对应的回归系数的 t 检验值（下文同）。

方程（6.18）表示劳均高等教育投入存量对劳均国内生产总值的产生效应。

在方程（6.18）中，ljzbcl（-1）、ljhecs（-2）分别表示劳均物资资本存量滞后一期和劳均高等教育投入存量滞后二期的变量（下文同）。提前两期单位劳均高等教育投入存量对劳均国内生产总值产生 4.221 869 单位的贡献，而物质资本存量对国内生产总值的贡献效率（0.283 239 单位产出/单位物质资本存量）远远低于高等教育投入存量的产出贡献率。高等教育投入存量对劳均国内生产总值的贡献也可进一步从方程（6.19）中得到验证。方程（6.19）说明一个单位的当期高等教育投入存量对本期劳均国内生产总值的贡献为 2.824 983 个单位值。

$$\text{ljgdp} = 462.5962 + 0.324152\,\text{ljzbcl} + 2.824983\,\text{ljhecs} - 0.453685\,\text{ljnhecs}$$
$$(10.898) \quad (11.347) \quad (8.060) \quad (-1.777) \quad (6.19)$$

Ad. R-Sq. =0.998，方程（6.19）中的前三个系数的显著水平为99%以上，ljnhecs 系数的显著水平在91%以上。

方程（6.20）表示劳均高等教育投入存量对非高等教育投入产生的效应。超前一期高等教育投入存量和劳均国内生产总值对非高等教育投入存量存在正

向效应，而超前二期的高等教育投入存量对劳均非高等教育投入存量存在负向效应。总的来说，超前一期的高等教育投入存量和变量对非高等教育投入都会产生正向效应，且远远高于前期国民总收入对非高等教育投入产生的效应。

$$ljnhecs = 4.495ljhecs(-1) - 4.01ljhecs(-2) + 0.342ljgdp(-1) \quad (6.20)$$
$$(2.91^{*}) \quad (-1.96^{**}) \quad (19.79^{*})$$

Ad. R-Sq. = 0.991, * 表示系数的显著水平为99%以上, ** 表示系数的显著水平为95%以上。

方程（6.21）表示劳均高等教育投入存量对劳均物质资本存量产生的效应。超前一期的劳均高等教育投入存量和非高等教育投入存量对劳均物质资本存量分别产生2.4个和7.8个单位的劳均物质资本存量，而超前一期的劳均高等教育投入存量的变化量对劳均物质资本存量产生66.6个单位的负效应，超前一期的非高等教育投入存量的变化量对劳均物质资本存量产生14.3个单位的正效应。从总体上看，非高等教育投入存量增加，相对来说需要配置更多的物质资本；而高等教育投入存量增加，则需要配备的物质资本量相对低些。可见，从长期来说，增加对高等教育的投入有利于通过提高物质资本的效率以节省物质资本。

$$ljzbcl = -64.2\ ljhes(-1) + 66.6ljhecs(-2) + 22.1ljnhecs(-1) - 14.3ljnhecs(-2)$$
$$(-4.22^{*}) \quad (3.62^{*}) \quad (5.54^{*}) \quad (-3.34^{*}) \quad (6.21)$$

Ad. R-Sq. = 0.967, * 表示系数的显著水平为99%以上。

通过上述绝对值变量的回归分析，可以得到以下结论：

其一，劳均高等教育投入存量对劳均国民生产总值具有正向效应，且明显高于物质资本存量对生产总值的效应。

其二，前期的高等教育投入对非高等教育投入产生正向效应，而且远远高于前期生产总值的效应。

其三，前期高等教育投入需要配备的物质资本量大大低于非高等教育投入所需要配备的物质资本量，高等教育投入在经济生产中可借助效率提高来节省物质资本的使用。

因此，高等教育投入对国民生产总值的产出效率高于非高等教育投入和物质资本的产出效率，高等教育投入可节省物质资本的投入，同时，高等教育投入对非高等教育投入具有较大的促进作用。

6.2.4 高等教育的人均产出效应

上一节运用变量的绝对值分析了高等教育投入对国内生产总值、物质资本投入和非高等教育投入的影响。但是，在运用变量绝对数来线性回归分析高等教育投入存量对劳均国内生产总值的效应时，高等教育投入对劳动力素质的影响所替代的物质资本量之间呈不变比例关系，在动态角度下显然不符合实际情况。因此，这一节运用对数线性方法回归分析劳均国内生产总值与劳均高等教育投入存量之间的关系，为进一步研究和预测国内生产总值、高等教育投入求解计量模型。通过对数线性回归分析得到方程（6.22）

$$\text{logljgdp}=0.91\text{logljzbcl}+11.418\,65\text{herate}-0.816\,293\text{nherate}_{-1} \quad (6.22)$$

$$(131.83) \qquad (2.846\,8) \qquad (-5.165)$$

Ad. R-sq. =0.945。方程（6.22）中的 herate、nherate_{-1}分别表示当期劳动力中接受高等教育和上一期劳动力中未接受高等教育的比例，则劳动力中文盲所占比例为（1-herate-nherate）。

方程（6.22）可转化为

$$\text{ljgdp} = \text{ljzbcl}^{0.91}\ e^{11.418\,65\text{herate}}e^{-0.816\,293\text{nherate}-1} \quad (6.23)$$

方程（6.23）较好地描述了我国劳均国内生产总值与劳均物质资本存量，劳动力中受高等教育、非高等教育以及文盲所占比重的关系。方程（6.23）验证了上文提出的假设 6.1 和假设 6.2。

借助方程（6.23），假定物质资本投入保持现有的变化趋势（物质资本投入变化的情形超出本书的研究范围，这里不予考虑），就教育投入的几种情况对我国未来的国内生产总值变化进行预测：

第一种情况是在保持物质资本变化趋势不变，高等教育等各级教育投入保持现有趋势时，预测未来我国人均国内生产总值和决定高等教育投入的战略。

第二种情况是在保持物质资本变化趋势不变，要实现我国人均国内生产总值十年内翻一番时，在保持平均增长速度的假设下，应如何制定我国高等教育投入的战略？下文的研究思路如图 6.1 所示。

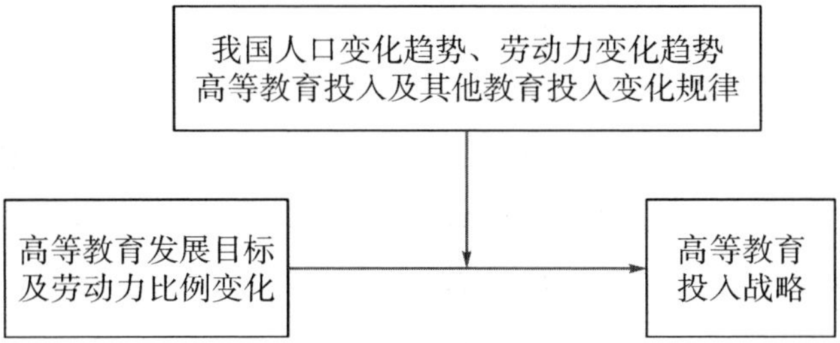

图 6.1　高等教育投入战略研究

6.3 高等教育投入的社会效应

许多学者认为公民教育水平提高会促进社会文明程度上升，抑制社会治理成本增长速度。同时，公民教育水平的上升促进了科技创新和技术进步。本书运用实际数据验证第 2 章提出的两个假设。

6.3.1 高等教育的社会治理效应

对社会治理成本产生正向影响的因素有人口数量、经济活动总量等，负向影响因素有教育水平的提高。这里以武装警察公共安全财政支出总额与地区生产总值的比例作为社会治理成本变量，用接受了高等教育的人口比例作为高等教育发展变量。

统计分析发现：接受了高等教育的人口比例与公共安全支出占地区生产总值比例之间呈负相关关系，相关系数为-0.242。地区接受高等教育的人口比例越高，公共安全支出占地区生产总值的比例越低。可见，人口教育素质越高，社会治理成本相对越低。具体如表 6.9 所示。

表 6.9　2009 年我国高等教育的人口比例及公共安全支出占产值比例

地　区	接受高等教育人口比例	公共安全支出占产值比例
全　国	0.072 872	0.011 45
北　京	0.307 719	0.013 28
天　津	0.170 143	0.009 77
河　北	0.056 168	0.008 77
山　西	0.076 639	0.013 38
内蒙古	0.079 534	0.009 95
辽　宁	0.118 154	0.010 13
吉　林	0.082 195	0.013 49
黑龙江	0.065 456	0.012 71
上　海	0.236 561	0.010 86
江　苏	0.077 648	0.008 26
浙　江	0.100 447	0.009 44

表6.9(续)

地　区	接受高等教育人口比例	公共安全支出占产值比例
安　徽	0.046 595	0.010 47
福　建	0.097 956	0.008 13
江　西	0.068 57	0.011 26
山　东	0.060 087	0.005 82
河　南	0.051 553	0.008 58
湖　北	0.076 327	0.010 61
湖　南	0.061 385	0.009 59
广　东	0.068 688	0.010 97
广　西	0.040 996	0.013 88
海　南	0.068 779	0.019 87
重　庆	0.054 917	0.010 98
四　川	0.056 221	0.012 92
贵　州	0.033 107	0.021 20
云　南	0.030 637	0.021 81
西　藏	0.016 842	0.083 34
陕　西	0.090 961	0.011 57
甘　肃	0.047 859	0.016 98
青　海	0.088 358	0.024 12
宁　夏	0.083 612	0.017 86
新　疆	0.095 058	0.020 41

注：表6.9中接受高等教育人口比例根据《中国统计年鉴》（2010年）中的6岁以上人口的抽样数据计算而得，各地公共安全支出占产值比例由《中国统计年鉴》（2010年）公共安全支出与各地地区生产总值对应数据计算而来。

6.3.2 高等教育的科技进步效应

科技进步的内容很多，这里拟以三种专利受理数、三种专利授权数表示科技进步，为了探讨我国高等教育发展对科技进步的影响，本章分析了2009年各地受高等教育人数与三种专利受理数、授权数两者之间的关系。具体如表6.10所示。

表 6.10　2009 年我国各地高等教育的人数及科技进步

地　区	三种专利受理数 /项	三种专利授权数 /项	受高等教育人数 /万人
全　国	877 611	501 786	9 726. 52
北　京	50 236	22 921	540. 05
天　津	19 624	7 404	208. 96
河　北	11 361	6 839	395. 11
山　西	6 822	3 227	262. 67
内蒙古	2 484	1 494	192. 64
辽　宁	25 803	12 198	510. 31
吉　林	5 934	3 275	225. 18
黑龙江	9 014	5 079	250. 43
上　海	62 241	34 913	454. 43
江　苏	174 329	87 286	599. 83
浙　江	108 482	79 945	520. 32
安　徽	16 386	8 594	285. 67
福　建	17 559	11 282	355. 29
江　西	5 224	2 915	303. 91
山　东	66 857	34 513	569. 04
河　南	19 589	11 425	489. 08
湖　北	27 206	11 357	436. 59
湖　南	15 948	8 309	393. 23
广　东	125 673	83 621	662. 01
广　西	4 277	2 702	199. 08
海　南	1 040	630	59. 43
重　庆	13 482	7 501	157. 01
四　川	33 047	20 132	460. 17
贵　州	3 709	2 084	125. 74
云　南	4 633	2 923	140. 04
西　藏	195	292	4. 88

表6.10(续)

地　区	三种专利受理数/项	三种专利授权数/项	受高等教育人数/万人
陕　西	15 570	6 087	343.10
甘　肃	2 676	1 274	126.13
青　海	499	368	49.24
宁　夏	1 277	910	52.27
新　疆	2 872	1 866	205.20

注：表6.10中的三种专利受理数、授权数来自《中国统计年鉴》（2010）对应数据，各地受高等教育人数通过表6.17中各地受高等教育人口比例与各地人口总数计算而来。

通过分析三种专利受理数与各地受高等教育人数之间的相关关系，得到其相关系数为0.981，三种专利授权数与各地受高等教育人数之间的相关系数为0.979，科技进步与受高等教育人数呈极强正向相关关系。可见，从地区横向分析可以得到，受高等教育人数越多，一国（地区）的科技进步越快。上述结论验证了高等教育抑制了社会治理成本的上升，促进了科技进步。

但是，与发达国家相比，我国科技进步远远不够。收集几个国家的专利数，发现我国每万人专利数与发达国家存在较大差距，如表6.11所示。

表6.11　各国每万人专利数和研发人员数

国别	专利数/件·万人$^{-1}$			研发人员数/人·万人$^{-1}$		
	2000年	2005年	2007年	2000年	2005年	2007年
中国	0.53	1.33	1.85	5.486	8.525	10.709
日本	33.07	34.10	31.03	51.108	55.312	55.73
韩国	21.72	33.48	35.48	23.341	37.802	46.272
美国	10.59	13.38	14.99	44.809	45.844	—
法国	2.95	2.84	2.75	29.101	33.191	—
德国	7.60	7.40	7.43	31.419	33.024	34.527
俄罗斯	2.21	2.26	2.78	34.528	32.449	33.047

注：表6.11中数值通过《国际统计年鉴》（2010年）历年各国专利数（居民专利数+非居民专利数）、研发人员总数分别除以人口总数得到。

与发达国家相比，我国每万人专利数远远低于日本、韩国、美国和德国，也低于法国和俄罗斯。其主要原因之一是我国每万人中受高等教育的人数、科研人数远低于这些国家。可见，我国高等教育发展还存在巨大的空间，需要继续加大投入力度。

本章小结

本章主要分析了高等教育投入和发展对经济、社会产生的效应，发现我国高等教育投入存在较强的正向效应，但是贡献总量有待提高，说明增加高等教育投入迫切且必要。

其一，本章运用了劳动简化法分析高等教育投入的经济增长贡献和生产率进步效应。随着我国教育水平提高，劳动者技能提升，其创造价值的能力越来越强，在 1978 年、1990 年和 2008 年，因为教育提高而增加的劳动量创造的国民收入所占比例先后为 28.3%、38.8%和 48.5%，呈不断上升之势，教育水平提高对经济总量所做的贡献越来越大。但是，由于我国接受高等教育劳动者所占比例很小，在 1978 年、1990 年和 2008 年，接受高等教育的劳动力生产的产值分别仅占总数的 1.796%、4.371%和 12.213%。在 1978—1990 年、1990—2008 年和 1978—2008 年三个阶段，我国高等教育对经济增长的贡献率较低，分别为 1.655%、5.892%和 4.423%。接受高等教育的劳动者无论对经济总量的贡献，还是高等教育对经济增长效率的贡献都比较低，仍然需要进一步提高。

其二，本章借助数理模型分析了接受高等教育劳动力所占比例、劳均物质资本存量等变量对劳均产出的影响，并收集数据对模型进行了验证。运用统计分析和计量分析工具，探讨了收集的数据之间的相关关系和因果关系，并回归得到了劳均高等教育投入、接受了高等教育的劳动力比例等变量对劳均产出的影响方程。

其三，高等教育具有明显的社会效应如减少社会治理成本和促进科技进步。接受高等教育的人口比例越高，越有利于促进社会和谐，减少社会治理成本。同时，接受高等教育人数越多，科技进步越快。

7　我国高等教育投入建议

我国高等教育投入为经济、社会带来丰厚的收益。在经济上，表现为随着劳动力教育水平提升，其他经济资源的产出和使用效率提高，最终增加了高等教育接受者个人、政府和整个社会的经济收入。具体而言，个体接受高等教育一方面增加了个人收入，另一方面通过缴纳收入所得税和流通税增加了政府的税收收入，即增加了经济收入。在社会发展方面，公民教育水平的提高可促进社会文明的进程，在正常情况下，会对社会风气形成正外部性效应，从而减少社会治理成本特别是抑制治安成本的迅速上升，节约社会治理成本也是增加社会收入的一种方式。

但是，我国高等教育仍存在巨大的发展潜力，需要加大投入力度。当前，我国高等教育投入存在投入收益分割矛盾，制约了我国高等教育投入的良性循环，形成政府和家庭、中央政府和地方政府之间分担比例确定的问题。

7.1　政府与私人分担格局建议

在传统体制中，高等教育投入主要由政府财政负担。随着经济社会的发展，对高质量人才需求数量不断增加，在市场经济体制下，为了克服单一政府投入严重不足的问题，引入了高等教育多元投入体制，在一定程度上缓解了高等教育投入困境，但也带来了新问题即家庭高等教育负担过重。在两大主要承担主体中，高等教育投入应该如何分担，在现实中又是怎样的分担比例呢？只有对实际分担比例进行核算，才能进一步做出判断和调整。

7.1.1　我国高等教育投入分担历史回顾

高等教育投入的总量，狭义地说，主要包括对各种有形的人力、物力和财力折算为货币计量的国家财政投入和家庭（或机构）的学费、书本费等投入的总和；从广义角度，高等教育投入还包括受教育者接受高等教育时没有工作所失去的收入，即机会成本。严格地说，计算广义比率是较为合理的。

为了便于分析，这里引入狭义比率、广义比率和理论比率。其中：

$$\text{狭义比率}=\frac{\text{高等教育财政投入}}{\text{高等教育总投入}-\text{高等教育财政投入}}$$

$$\text{广义比率}=\frac{\text{高等教育财政投入}}{\text{高等学校在校生机会成本}+\text{高等教育总投入}-\text{高等教育财政投入}}$$

$$\text{理论比率}\equiv\text{高等教育投入分担比率}=\frac{\text{高等教育边际产出政府所得分配额}}{\text{高等教育边际产出私人所得分配额}}=\frac{V_g}{V_p}$$

狭义比率和广义比率分别是高等教育投入中没有考虑机会成本、包含机会成本的情况下历年投入实际分担比率，计算中将机会成本视为家庭承担的成本。理论比率则是按照受教育者因接受高等教育而增加的产出值在国家和个人之间分配的比值（具体见附录 B）。比较这三种比率，可以分析高等教育投入分担的合理性。我国财政、家庭分担高等教育投入的比率如表 7.1 所示。

表 7.1　我国财政、家庭分担高等教育投入的比率

年份	狭义比率	广义比率	理论比率
1991	8.745 583	1.755 219	0.843 6
1992	8.348 078	1.673 06	0.822 5
1993	6.684 02	1.371 521	0.832 8
1994	5.187 259	1.206 551	0.828 9
1995	3.965 408	1.111 302	0.798 4
1996	7.655 138	1.323 346	0.790 6
1997	5.886 737	1.277 72	0.809 7
1998	2.318 106	0.915 089	0.830 8
1999	2.001 853	0.814 875	0.554 3
2000	1.612 223	0.648 949	0.559 0
2001	1.330 461	0.520 467	0.627 5
2002	1.124 477	0.433 162	0.645 1
2003	0.999 317	0.361 437	0.640 5
2004	0.901 705	0.311 404	0.666 4

表7.1(续)

年份	狭义比率	广义比率	理论比率
2005	0.793 792	0.264 658	0.686 3
2006	0.795 986	0.247 495	0.707 9
2007	0.829 841	0.247 997	0.730 1
2008	0.960 273	0.258 19	0.735 0

注：1. 表中数值根据《中国统计年鉴》（1992—2010年）中数据计算而来。

2. 计算公式为：狭义比率=高等教育财政投入/（高等教育总投入-高等教育财政投入）；广义比率=高等教育财政投入/（高等学校在校生机会成本+高等教育总投入-高等教育财政投入）。狭义比率和广义比率分别是高等教育投入中没有考虑机会成本、包含机会成本的情况下历年投入实际分担比率，计算中将机会成本视为家庭承担的成本。理论比率计算见附录C。

这里，将每个接受高等教育的学生算作一个标准的劳动力，以历年劳动力平均工资收入作为接受高等教育每个在校生的高等教育机会成本，计算狭义、广义上的两种比率并加以比较分析。由于我国高等教育投入主体主要是国家财政和家庭（或机构），这里将国家财政的高等教育投入与非财政投入的比率，作为国家财政和家庭分担的比例值，具体如本章附录B所示。

考察表7.1可以发现：在20世纪90年代早期，在狭义上，我国高等教育财政投入是非财政投入的8.75倍，高等教育财政投入占狭义范围投入的89.7%，而高等教育非财政投入只占10.3%。其后，随着高等教育规模逐渐扩大和市场机制改革的深化，高等教育投入中财政投入与非财政投入比率值在2008年为0.96，财政投入仅占高等教育投入总量的48.99%。

在广义上，高等教育财政投入与非财政投入的比率值小得多，在1991年仅为1.755，随后逐年下降，到2008年降为0.258。其实，广义比率更能真实地反映高等教育投入的分担状况。由于高等教育在校生的机会成本在高等教育投入中占有很大份额，在高中毕业生工作收入逐渐上升、大学毕业生就业困难且收入不高、高等教育财政投入相对急剧减少的境况下，高等教育发展会遭遇非常大的窘境。

7.1.2 高等教育投入比率的比较

比较我国高等教育投入的实际分担比率和计算所得的理论比率，可以发现：

其一，1991—2008年，在我国高等教育投入中，国家财政与非财政投入分担的狭义比率远远高于根据理论公式、按照税率计算所得的分担比例。因此，如果从狭义投入角度即忽略接受高等教育在校生的机会成本，政府财政对高等教育投入的成本是大于财政从高等教育获取的收入。忽视高等教育投入的机会成本，这也许是我国近些年来，政府对高等教育投入力度逐渐下降的潜在理论原因。

其二，比较广义分担比例与按照税率计算所得的理论分担比例。1991—2000 年，广义分担比例都高于理论分担比例；虽说在这一期间，该两种分担比例都逐渐下降，但实际运行中的广义分担比例下降速度更快；这段时间也是我国公民逐渐感到高等教育私人投入负担逐渐加重的过渡期。2001—2008 年，我国高等教育投入的广义分担比例由开始低于理论分担比例，到大大低于理论分担比例，我国公民也普遍感受到家庭高等教育投入负担加重。

产业结构升级缓慢，不能满足受高等教育劳动者的就业需要，受高等教育的劳动者不能学有所用，其收入相对于只接受高中教育的劳动者来说没有实质性的增加；同时，物价、资金利率上涨导致受高等教育的机会成本继续上升，在税率不变的情况下，广义分担比例会继续下降，家庭对高等教育投入承受的压力会更大。

7.2　区域间投入格局困惑与建议

在我国不同区域之间，由于经济社会发展水平的差异，在市场经济条件下，劳动力等要素流动配置到经济发达的地区。在经济相对发达的地区，产业结构相对优化、级次较高，要素配置合理，生产效率较高，因而要素收入相对较高一些，这样就更能吸引各种生产要素流动到经济发达地区。对于劳动力来说，优秀的劳动力逐渐向经济发达地区流动，形成集聚效应。相反，在经济相对落后的地区，要素配置相对不合理，经济效率较低，优质要素逐渐流出。这样，经济发达地区形成优质要素集中和流入、效率逐渐提高、要素收入增加的良性循环，在经济落后地区就形成优质要素流出、要素配置不合理、效率下降、要素收入降低的恶性循环。这一理论推导结果可以从有关数据得到证实。

收集我国历年各地 6 岁以上人口中的接受高等教育的人口数、城镇职工平均工资水平，计算 2009 年我国各地 6 岁以上人口中接受高等教育的比例，其结果如表 7.2 所示。

表 7.2　2009 年我国各地接受高等教育的人口比例及城镇职工平均工资

地　区	接受高等教育人口比例	城镇职工平均工资/元
全　国	0.072 872	32 244
北　京	0.307 719	57 779
天　津	0.170 143	43 937
河　北	0.056 168	27 774
山　西	0.076 639	28 066
内蒙古	0.079 534	30 486
辽　宁	0.118 154	30 523
吉　林	0.082 195	25 943
黑龙江	0.065 456	24 805
上　海	0.236 561	58 336
江　苏	0.077 648	35 217
浙　江	0.100 447	36 553
安　徽	0.046 595	28 723
福　建	0.097 956	28 366
江　西	0.068 57	24 165
山　东	0.060 087	29 398
河　南	0.051 553	26 906
湖　北	0.076 327	26 547
湖　南	0.061 385	26 534
广　东	0.068 688	36 469
广　西	0.040 996	27 322
海　南	0.068 779	24 790
重　庆	0.054 917	30 499
四　川	0.056 221	28 149
贵　州	0.033 107	27 437
云　南	0.030 637	26 163
西　藏	0.016 842	45 347

表7.2(续)

地　区	接受高等教育人口比例	城镇职工平均工资/元
陕　西	0.090 961	29 566
甘　肃	0.047 859	26 743
青　海	0.088 358	32 481
宁　夏	0.083 612	32 916
新　疆	0.095 058	27 617

注：表7.2中接受高等教育人口比例根据《中国统计年鉴》（2010）中的6岁以上人口的抽样数据计算而得，各地工资的平均值来自《中国统计年鉴》（2010）对应数据。

表7.2中的数值可以验证：经济发展程度越高的地区，城镇职工工资水平越高，人口中接受高等教育的比例越高，两者之间呈明显的正向相关关系。运用统计分析，发现各地接受高等教育的人口比例与城镇职工工资水平之间的相关系数为0.783 4，呈较强正相关关系。这里的接受高等教育人口比例的统计范围是各省（区、市），如果统计的范围更加精细一些，分析各地城市人口中接受高等教育的比例，那么其与城镇职工工资平均值之间的正向相关关系会更强。从而，上述证明了高等教育劳动力流向与经济发展水平之间呈正向促进关系；反之，在经济落后地区就会形成恶性循环。

高等教育投入收益的时间滞后性以及劳动者在市场经济环境下的理性流动，必然产生各地区政府高等教育投入与收益之间的矛盾。我国高等教育接受者地区和就业流动的模式如图7.1所示。

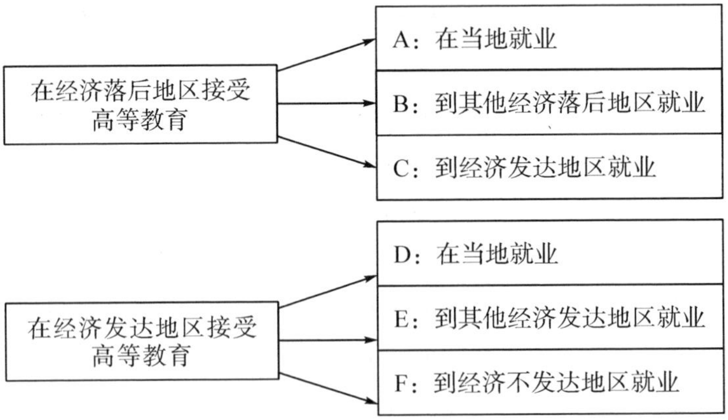

图7.1　高等教育接受地区与就业地区演变

根据高等教育接受地区和就业地区的演变，将其分为6种可能模式，如图7.1所示。A、D两种模式不会引起政府财政高等教育投入与收益的矛盾，其余4种模式都会导致政府财政高等教育投入与收益的地域分割问题。其中，发生B、F两种情况所占比例较小，C、E两种情况发生的可能性则比较大，尤其是C发生的可能性非常高。作为经济发达地区，虽说有一些高等教育接受者流转到其他地区就业，但从其他地区流入本地的高等教育劳动者更多，因而政府财政对高等教育投入的收益能得到保证。

但是，对于经济落后的地区，其情况就大不一样了。在外地接受高等教育的劳动者较少流入，而在本地接受高等教育的劳动者则大量流出到其他经济发达地区就业，致使经济落后地区的高等教育财政投入的收益没法保证。

我国当前高等教育旺盛的需求主要来自家庭对子女高等教育投入和中央政府对高等教育投入的引导。近年来，在发达地区，基于经济社会发展的需要，政府对高等教育投入逐渐增加。而在经济落后的地区，物质资本投入一方面可以直接带来政府税收收入增加；另一方面，还可以通过增加就业机会和提升产业结构，留住本地接受了高等教育的劳动者和吸引外地高素质劳动者流入，在资金相对有限的情况下，政府则对物质资本投入具有较高的积极性，而对高等教育的投入缺乏动力和积极性。因此，这一矛盾将会导致我国高等教育不均衡现象加剧。

只有解决了高等教育投入收益之间区域分离的矛盾，才能从根本上实现我国高等教育良性发展。考虑到高等教育投入收益出现一定程度的分离，在高等教育财政投入上，要求高等教育投入逐渐变为以中央政府进行统筹为主，地方政府投入为辅。结合各地经济发展水平、人口数量进行统筹规划经费，在兼顾各地高等教育投入积极性基础上，促进高等教育均衡、持续发展。这是一项涉及地方政府、中央政府之间的责任划分，也是关系到我国地区之间长期均衡发展的系统工程。

本章小结

未来我国高等教育投入总量将会持续增长，其占国民生产总值的比例会经历一个上升然后转入下降的过程。

高等教育投入收益的时间滞后性和接受高等教育劳动者由经济落后地区向经济发达地区的流动，对高等教育投入产生反向性的制约。各地接受了高等教育的人口比例与城镇职工工资平均水平之间存在明显的正向相关关系，相关系数为 0.783 4。基于高等教育持续、均衡发展的需要，国家应统筹高等教育投入，在兼顾各地政府高等教育投入积极性的基础上，系统筹划高等教育投入，减少区域间高等教育发展因为投入收益分割而造成的不均衡。

按照受益者应承担投资的逻辑，本书通过公式分析了我国高等教育投入分担理论模型，证明了高等教育投入的两大主体即政府和家庭之间高等教育投入分担的主要影响因素是所得税率和流转税率。发现在正常情况下，所得税率上升，政府对高等教育投入分担的比率应提高；流转税率上升，政府对高等教育投入分担的比率应提高。

本书计算了我国过去（1991—2008 年）的高等教育狭义比率、广义比率和理论比率，发现狭义比率、广义比率在不断下降。自 2001 年起，政府财政分担的广义比率开始低于理论比率，可见，我国政府财政对高等教育投入的力度在下降，应至少保证达到理论比率。

由于知识的更新和机会成本的上升，我国未来高等教育投入总量将会快速增加，要求财政投入经费迅速增加，这会严重制约我国高等教育的持续发展。解决这一困难的根本措施在于提高高等教育的质量和效率，提升受高等教育劳动者的产出水平，即在投入迅速增加的情况下，必须更大幅度提高高等教育投入收益，才能实现高等教育投入产出的良性循环。

8 结论

本书对我国高等教育投入现状进行介绍后，论述了高等教育投入的影响因素，运用投入总量法和劳动简化法核算了我国高等教育形成的人力资本存量，通过利用人力资本存量，借助经济增长模型分析了高等教育的经济效应和社会效应，分析了增加高等教育投入的必要性，并对政府与家庭、地方政府与中央政府高等教育投入分担比例进行了创新性研究，提出了促进高等投入的政策建议。

我国高等教育取得了巨大的成绩，规模迅速扩大。自 1952 年，我国高等教育学校数量由 201 所逐渐增加到 2009 年的 2 305 所，增长了 10. 5 倍；高等学校教师在 1952 年为 2. 7 万人，到 2009 年增长到 129. 5 万人，增加了近 47 倍；高等教育在校生数在 1952 年为 19. 1 万人，到 2009 年增长到 2 144. 7 万人，增长了 111. 3 倍；高等教育招生人数由 1952 年的 7. 9 万人，增长到 2010 年的 662 万人，增加了 654. 1 万人，招生人数扩大了 81. 8 倍；1952—2011 年，我国高等教育毕业生人数增长了 202 倍，由 1952 年高等教育毕业生 3. 2 万人，至 2010 年达到 630 万人，2011 年增长到 650 万人。

我国高等教育呈优势集中分布，各地高等教育发展极不均衡。笔者计算和比较了我国各地区高等教育在校生人口密度、高等教育投入的来源差异、高等教育的投入力度和深度，分析了高等教育在校生人口密度与投入密度、深度的关系，发现各地高等教育投入密度与投入深度之间呈较强正相关关系。

笔者运用均衡分析法从收益率和风险视角探讨了高等教育投入的影响因素，发现影响高等教育的私人投入因素有私人期望偏好、投入收益率和价值折现率、物质资本投资收益率和投入成本等；影响政府高等教育投入的因素有投入收益率、物质资本投资收益率、资源总量等。高等教育大众化、毕业生质量相对下降、收益降低等导致投入风险上升，抑制了私人和政府高等教育投入积极性。

我国高等教育投入发生了巨大的演变。高等教育生均财政投入占生均投入比例逐年下降，由1991年占89.7%下降为2008年的49%，下降了40.7个百分点。生均财政投入、生均投入与城镇居民平均收入的比率下降也非常大，在1991年分别为3.02和3.67，到2008年分别降为0.267和0.547，表明居民收入提高，对高等教育的支出比例却极大地下降，说明民众的高等教育支付能力逐年在提升，对高等教育的购买能力存在很大潜力。我国高等教育私人投入的城乡居民负担——高等教育生均学杂费与城乡居民可支配收入比率出现较大波动，而且该比率值偏高。高等教育私人投入负担出现较大波动。20世纪90年代中期至21世纪初期是我国城乡居民高等教育私人负担不断加重的时期。1999—2005年，高等教育生均学杂费是农村居民平均可支配收入的3倍以上，是城镇居民平均可支配收入的2倍以上。2006年以来，我国高等教育生均学杂费负担相对来说有所下降，但仍然接近农村居民平均可支配收入的3倍和城镇居民平均可支配收入的2倍。农村居民高等教育投入负担远远大于城市居民。

笔者运用投入总量法和劳动简化法核算了高等教育投入形成的人力资本存量效应。1952—2008年，我国非高等教育投入形成的人力资本存量增长了300多倍，高等教育投入形成的人力资本存量增长了522倍。非高等教育投入形成的人力资本存量在1978年后增长幅度较大，而高等教育投入形成的人力资本存量自1996年以后增长幅度较大。高等教育所形成的人力资本存量远远低于非高等教育所形成的人力资本存量。1952—1978年，非高等教育形成的人力资本存量与高等教育形成的人力资本存量比值逐渐上升，由1952年的5.8逐渐上升为1978年的12.92；1979—2008年，该比值逐年下降，到2008年降为3.34。非高等教育、高等教育形成的简化劳动力存量的比值由1952年的26.92上升为1959年的48.45；1960—1965年逐渐下降为34.22；1966—1981年，该比值逐年上升，到1981年达到最高值109.05，从1982年起该比值逐年下降，到2009年降为24.57。机会成本和投入迅速增加是我国高等教育发展的主要制约因素。

高等教育投入和发展对经济增长和劳动生产率、社会进步具有较强正向效应，但是贡献总量偏低。我国教育水平提高，劳动者技能提升，其创造价值的能力越来越大。在1978年、1990年和2008年，因为教育提高而增加的劳动量创造的国民收入占比先后为28.3%、38.8%和48.5%，呈不断上升之势，教育水平提高对经济总量所做贡献越来越大。我国高等教育劳动者所占比例很小，在1978年、1990年和2008年，接受高等教育的劳动力生产的产值分别仅占总数的 1. 796%、4. 371%和 12. 213%。

笔者从理论和实证角度分析了高等教育投入的分担格局并提出了投入建议。我国（1991—2008 年）的高等教育狭义投入分担比率、广义投入分担比率在不断下降。自 2000 年起，在广义投入角度，政府财政分担的投入比例开始低于理论分担比率。笔者认为在现有收入分配环境下，我国高等教育投入在政府财政和家庭两大主体之间的分担比率应为 0. 433∶0. 567。

另外，高等教育投入收益的时间滞后性和受高等教育劳动者由经济落后地区向经济发达地区的流动，对高等教育投入产生反向性制约。各地接受了高等教育的人口比例与城镇职工平均工资水平之间存在明显的正向相关关系，相关系数为 0. 783 4。国家应统筹高等教育投入，在兼顾各地政府高等教育投入积极性的基础上，系统地筹划高等教育投入经费，减少投入收益分割而造成的区域间高等教育发展不均衡现象。

实现我国经济、社会的可持续发展，必须依靠集约高效的经济发展模式，必须依靠我国人口和劳动力文化、技能素质的提高。充分挖掘我国人力资源的潜力，变人口大国为人力资源强国，最大限度地提高我国经济、社会的教育正向效应，需要加强我国高等教育投入改革。

综上，可以得到与高等教育投入有关联的五个结论：①我国高等教育仍为粗放型低效模式，毕业生质量不高，高等教育投入收益低、风险高；②国家对高等教育的投入虽然总量上升较快，但是相对力度却在降低，私人对高等教育投入的负担不断加重；③我国高等教育形成的人力资本对经济、社会具有较强的正向效应，但是，因为我国高等教育所形成的人力资本规模相对较小，人力资源潜力还远没有被挖掘出来；④政府对高等教育投入的实际比例远低于理论上应该达到的比例；⑤接受了高等教育的劳动者在区域间流动，导致高等教育投入收益的区际矛盾，抑制了经济落后地区高等教育投入的积极性。

为进一步提高高等教育对人力资本、经济和社会发展的正向效应，理顺我国高等教育投入体制，保证高等教育持续发展，综合上述结论，提出以下建议：

其一，加快高等教育机构改革，提高高等教育效率，提升毕业生质量，是降低高等教育风险的根本措施。同时，需要在用人标准、经济结构和高校教学风气等方面进行全面的调整和规范，形成选贤任能、勤奋尚学、积极创新的社会氛围。

其二，国家财政应加大对教育特别是高等教育的投入，提高政府高等教育投入分担比例，减轻私人高等教育投入过重负担，维护民众的高等教育需求平稳上升，提升全民文化素质和人力资源储备。鉴于当前我国劳动者承受的税负较高，国家在高等教育投入上应该适当增加比重。

其三，加大高等教育投入的财政转移支付力度，降低各地政府投入收益的区际矛盾，减小高等教育区域间发展的不均衡程度。中央政府应该统筹兼顾，制定地区间高等教育投入统筹方法及执行标准，并随分配体制演变而变化，这是一项关系到区域间持续、均衡发展的复杂社会工程。

另外，高等教育的社会效应等因数据收集困难而没有进行深入研究，可作为以后深入研究的内容。

参考文献

[1] IUD 领导决策数据分析中心. 31 省区市教育投入与经济增长差异分析 [J]. 领导决策信息，2009（1）：30-31.

[2] 安雪慧. 教育经济效益计量方法分析 [J]. 高等师范教育研究，2001（6）：69-74.

[3] 曾君. 教育研究中定量与定性研究法的比较 [J]. 广西教育学院学报，2000（3）：12-18.

[4] 陈伯春. 四川省普通高等教育的经济效益研究 [D]. 成都：四川大学，2007.

[5] 陈国维. 经济社会发展与高等教育发展规模的相关性研究 [J]. 经济经纬，2001（3）：47-50.

[6] 陈豪好. 教育投资对我国经济增长贡献的实证研究 [D]. 天津：天津大学，2007.

[7] 陈平水，王雪娟. 我国高等教育经济学理论体系现状研究 [J]. 教育科学，2006（2）：33-35.

[8] 陈尚才. 我国高等教育成本分担及对策研究 [D]. 兰州：西北师范大学，2007.

[9] 陈伟. 西方高等教育的政策变革与经费模式的结构性调整 [J]. 高等教育研究，2002（5）：107-112.

[10] 陈新宇. 略说教育经济学研究的对象及内容 [J]. 安顺师专学报，1999（3）：82-84.

[11] 陈学飞. 高等教育系统的重构及其前景：1990 年代以来中国高等教育管理制度的改革 [J]. 高等教育研究，2003（4）：9-12.

[12] 陈叶玲，肖昊. 关于教育投资选择的收益模型分析 [J]. 教育学报，2011（6）：103-107.

［13］陈叶玲，肖昊. 我国高等教育管理体制转型目标、阻力和对策研究［J］. 黑龙江高教研究，2010（9）：35-38.

［14］陈叶玲，肖昊. 我国高等教育私人投入风险的分析［J］. 现代教育管理，2011（9）：24-27.

［15］陈叶玲. 试我中国“私教育”产生的原因及其利弊［J］. 教育探索，2010（1）：29-31.

［16］陈赟. 教育经济功能的研究［D］. 上海：华东师范大学，2004.

［17］崔永和. 经济学方法论研究管见［J］. 河南师范大学学报（哲学社会科学版），1997（6）：22-24.

［18］单敏. 关于教育管理学研究方法之研究［D］. 金华：浙江师范大学，2008.

［19］邓媛，李瑞光. 基于 VAR 模型实证分析云南省教育投入与经济增长的关系［J］. 技术经济与管理研究，2009（4）：18-20，30.

［20］丁乐臣，肖春来，姜万军，等. 我国高等教育投入产出效率分析［J］. 北方工业大学学报，2008（9）：71-74.

［21］范凌钧，李南. 政府高等教育投入与经济增长的关联分析［J］. 现代教育管理，2009（4）：26-28.

［22］范先佐，周文良. 论教育成本的分担与补偿［J］. 华中师范大学学报（人文社会科学版），1998（1）：21-29.

［23］范先佐. 关于政府教育投资的行为分析［J］. 河北师范大学学报（教育科学版），2000（2）：1-9.

［24］范先佐. 教育经济学新编［M］. 北京：人民教育出版社，2010.

［25］范元伟. 高等教育市场化改革：教育凭证拨款机制研究［J］. 上海综合经济，2002（5）：4-8.

［26］费菊瑛. 优化高等教育结构的经济学思考［D］. 杭州：浙江大学，2005.

［27］傅耀，颜鹏飞. 西方经济学方法论的演变和最新发展［J］. 国外社会科学，2003（2）：24-31.

［28］富丽明. 高等教育适度发展的经济学分析［D］. 沈阳：辽宁大学，2006.

［29］高宝立. 中国高等教育研究：进展、问题与前景［J］. 教育研究，2003（7）：26-31.

［30］管培俊. 试论当前我国高等教育体制改革与结构调整的理论基础

[J]. 高等师范教育研究，2001（3）：3-8.

[31] 郭海湘. 教育经济贡献率软计算的理论与方法研究 [D]. 武汉：中国地质大学，2007.

[32] 郭鹏. 中国高等教育投入制度变迁 [J]. 中央财经大学学报，2008（5）：22-27.

[33] 郭元祥. 论教育学的逻辑范畴与范畴逻辑 [J]. 华中师范大学学报（哲学社会科学版），1995（4）：48-53.

[34] 教育部社科司组编. 自然辩证法概论 [M]. 北京：高等教育出版社，2000.

[35] 国家教育发展研究中心. 2002 年中国教育绿皮书：中国教育政策年度分析报告 [M]. 北京：教育科学出版社，2002.

[36] 国家统计局. 中国统计年鉴 [M]. 北京：中国统计出版社，1952—2010.

[37] 国家统计局社会科技和文化产业统计司，科学技术部战略规划司. 中国科技统计年鉴 [M]. 北京：中国统计出版社，1952—2010.

[38] 翰斯通，李红桃，沈红. 高等教育成本分担中的财政与政治 [J]. 比较教育研究，2002（1）：26-30.

[39] 胡丹丹. 教育的经济贡献研究 [D]. 北京：首都经济贸易大学，2006.

[40] 华成刚. 1949 年以来我国普通高等教育经费投入情况分析 [J]. 教育发展研究，2003（8）：40-44.

[41] 黄艳. 我国发展职业教育的经济学分析与对策研究研究 [D]. 北京：北京交通大学，2009.

[42] 黄毓芝. 中国及各地区教育经济贡献率软计算应用研究 [D]. 武汉：中国地质大学，2008.

[43] 加塞特. 大学的使命 [M]. 徐小洲，陈军，译. 杭州：浙江教育出版社，2001.

[44] 教育部财务司，国家统计局社会科技和文化产业统计司. 中国教育经费统计年鉴 [M]. 北京：中国统计出版社，1952—2010.

[45] 教育部发展规划司. 中国教育事业统计年鉴 [M]. 北京：中国统计出版社，1952—2010.

[46] 教育部发展规划司. 中国教育统计年鉴 [M]. 北京：人民教育出版社，1952—2010.

［47］解建立，吴红岁. 我国高等教育成本分担与补偿问题探析［J］. 高教探索，2005（2）：8-10，37.

［48］金子元久. 高等教育的社会经济学［M］. 刘文君，译. 北京：北京大学出版社，2007.

［49］靳希斌. 教育经济学［M］. 北京：人民教育出版社，2009.

［50］靳希斌. 论教育服务及其价值［J］. 教育研究，2003（1）：44-47.

［51］柯佑祥. 教育经济学［M］. 武汉：华中科技大学出版社，2009.

［52］劳凯声. 世纪之交的中国教育改革走向：教育与市场的关系问题［J］. 北京大学教育评论，2003（3）：10-16.

［53］李兵. 以经济学的视野审视义务教育阶段的公平问题［D］. 重庆：西南大学，2006.

［54］李秉中. 完善我国义务教育投入制度的思考［J］. 教育研究，2008（6）：102-105.

［55］李建民. 人力资本通论［M］. 上海：上海三联书店，1999.

［56］李晶. 高等学校生均标准培养成本研究［D］. 厦门：厦门大学，2008.

［57］李庆刚. 建国以来我国高等教育管理体制改革演变论略［J］. 当代中国史研究，2001（3）：55-63.

［58］李硕豪，闫月勤. 高等教育学理论体系研究之研究［J］. 江苏高教，2004（5）：25-28.

［59］李文利，闵维方. 我国高等教育发展规模的现状和潜力分析［J］. 高等教育研究，2001（2）：27-31，39.

［60］李星云. 我国教育经济学研究的回顾与分析［J］. 江苏教育学院学报（社会科学版），2004（6）：76-78，82.

［61］李雪峰. 中国教育经济学研究方法的内容分析及反思［D］. 上海：华东师范大学，2008.

［62］李忠民. 人力资本：一个理论框架及其对中国一些问题的解释［M］. 北京：经济科学出版社，1999.

［63］厉以宁. 论教育经济学中的智力投资有效性原则［J］. 中国社会科学，1981（2）：33-38.

［64］厉以宁. 转型发展理论［M］. 北京：同心出版社，2000.

［65］刘晖，王箭. “传播”是教育学理论体系的逻辑起点［J］. 教育理论与实践，1987（1）：42-45，65.

［66］刘俊学. 高等教育服务市场的几点思考［J］. 江苏高教，2002（5）：11-13.

［67］刘亮，胡德仁. 地区间农村小学教育投入差异影响因素的分析：以河北省各县为例［J］. 清华大学教育研究，2009（6）：99-107.

［68］刘林. 高等教育对江苏经济增长率贡献的研究［D］. 苏州：苏州大学，2006.

［69］刘琳，李谦，付勇智. 云南省教育投入与经济发展关系分析［J］. 当代经济，2009（7）：152-154.

［70］马健生. 论高等教育服务［J］. 北京科技大学学报（社会科学版），2002（1）：4-7.

［71］马健生. 试论高等教育产品［J］. 教育与经济，2002（1）：33-35.

［72］马歇尔. 经济学原理［M］. 朱志泰，译. 北京：商务印书馆，1997.

［73］孟东军，张美凤，俞锋华. 社会捐赠在我国高教成本分担中的现状分析［J］. 高等教育研落究，2002（6）.

［74］闵维方，丁小浩. 对我国高等教育经济学研究的回顾和展望［J］. 高等教育研究，1999（3）：6-11.

［75］潘懋元，王伟廉. 高等教育学［M］. 福州：福建教育出版社，2005.

［76］澎湃. 高等教育成本与定价及其国际比较［D］. 长沙：湖南大学，2007.

［77］钱林晓. 论教育经济学研究中的教育学参与［J］. 高等教育研究，2007（7）：78-83.

［78］瞿葆奎，郑金洲. 教育学逻辑起点：昨天的观点与今天的认识（一）［J］. 上海教育科研，1998（3）：2-9.

［79］全国教育经济学研究会. 教育经济学概论［M］. 西宁：青海人民出版社，1983.

［80］任保奎，关冠军. 北京与部分省市高等教育投入：产出效率比较研究［J］. 北京工业大学学报（哲学社会科学版），2008（2）：77-80.

［81］邵培德. 国家财政对教育投入的国际比较［J］. 中南财经大学学报，1993（3）：120-124.

［82］申素平. 论我国高等教育体制改革过程中政府角色的转变［J］. 高教探索，2000（4）：50-53.

［83］史忠良. 产业经济学［M］. 北京：经济管理出版社，2005.

［84］矢野真和. 高等教育的经济分析与政策［M］. 张晓鹏，等译. 北京：

北京大学出版社，2006.

[85] 舒尔茨. 教育的经济价值 [M]. 长春：吉林人民出版社，1982.

[86] 舒尔茨. 人力资本投资 [M]. 北京：商务印书馆，1990.

[87] 苏东水. 产业经济学 [M]. 北京：教育科学出版社，2000.

[88] 孙辉，支大林，李宏瑾. 对中国各省资本存量的估计及典型性事实：1978—2008 [J]. 广东金融学院学报，2010，25 (3)：103-116.

[89] 孙进. 德国教育投入的规模、结构及特点 [J]. 比较教育研究，2009 (5)：25-29.

[90] 孙拥军，张子麟. 河北省教育投入对经济发展的促进作用 [J]. 经济与管理，2009 (3)：83-87.

[91] 王娟. 我国经济增长与高等教育发展关系的初评研究 [D]. 重庆：重庆大学，2006.

[92] 王蓉. 我国高等教育的投入模式与改革 [J]. 教育发展研究，2008 (7)：10-14.

[93] 王善迈. 关于教育经济学对象与方法的思考 [J]. 北京师范大学学报(社会科学版)，2006 (1)：28-32.

[94] 王善迈. 社会主义市场经济条件下的教育资源配置方式 [J]. 教育与经济，1997 (3)：1-6.

[95] 王世彤，窦艳芬，温海霞. 高等教育成本分担的理论分析 [J]. 河北科技大学学报 (社会科学版)，2005 (3)：65-69.

[96] 王伟同，张妍彦，陈艳利. 推进中国高等教育财政改革的战略选择 [J]. 经济研究参考，2004 (60)：39-48.

[97] 王文斌. 中国农村—城市迁移者子女教育的经济分析 [D]. 济南：山东大学，2007.

[98] 王雪娟，陈平水. 教育经济学理论体系现状研究 [J]. 太原师范学院学报 (社会科学版)，2005 (4)：122-125.

[99] 王尧基. 关于高等教育成本的分担与中国国情 [J]. 复旦教育论坛，2004 (2)：29-32.

[100] 王云波. 个人分担高等教育成本问题探析 [D]. 曲阜：曲阜师范大学，2007.

[101] 隗斌贤. 对教育投资收益率计量方法的初步研究 [J]. 江苏高教，1998 (3)：46-49.

[102] 肖昊，陈叶玲. 教育对我国女性劳动参与率的影响 [J]. 教育发展

与评估（增刊），2011（2）：87-90.

［103］肖昊. 教育发展［M］. 武汉：武汉大学出版社，2004：27-30.

［104］肖昊. 教育经济学［M］. 武汉：武汉大学出版社，2010.

［105］肖宏伟. 高等教育成本分担机制研究［D］. 西安：西安科技大学，2007.

［106］徐吉洪. 关于教育管理学内容体系建构的研究［D］. 金华：浙江师范大学，2008.

［107］许丽君. 陕西省高等教育对经济增长的贡献研究［D］. 西安：西北大学，2007.

［108］许庆豫. 西方学者论教育对经济发展的双重效应［J］. 教育研究，2000（5）：69-73.

［109］许祥云. 高等教育学费的经济学分析［J］. 高等农业教育，2006（9）：14-16，82.

［110］许长青. 我国高等教育投入产出主成分分析：1995—2006［J］. 现代教育科学，2009（2）：25-32，42.

［111］颜敏，王维国. 基于时变参数的中国教育投入对经济增长贡献率估计［J］. 统计与信息论坛，2009（7）：72-78.

［112］杨立雄. 西方经济学量化发展的几个阶段及其特点［J］. 技术经济，1998（11）：44-47.

［113］杨晓波. 责任与自治：美国公立高校和政府的关系［J］. 高等教育研究，2003（3）：102-106.

［114］杨雅文. 中国高等教育体制改革的回顾与思考［J］. 广西高教研究，2002（3）：49-52，56.

［115］杨竹. 高职教育的经济学分析［D］. 合肥：安徽大学，2008.

［116］伊兰伯格，史密斯. 现代劳动经济学：理论与公共政策（第八版）［M］. 北京：中国人民大学出版社，2007.

［117］易丹辉. 数据分析与 Eviews 应用［M］. 北京：中国统计出版社，2002.

［118］余子鹏，刘勇. 我国产业结构调整与要素效率关系分析［J］. 经济学家，2011（8）：19-26.

［119］喻恺. 我国财政对教育的投入能力分析［J］. 教育研究，2009（4）：30-35.

［120］袁贵仁. 深入学习实践科学发展观，不松懈不动摇全力以赴做好

2010年普通高校毕业生就业工作［R］//袁贵仁在2010年全国普通高等学校毕业生就业工作网络视频会议上的讲话，2009. 11.

［121］袁连生. 教育成本计量探讨［M］. 北京：北京师范大学出版社，2000.

［122］张军，章元. 对中国资本存量K的再估计［J］. 经济研究，2003（7）：35-43.

［123］张奇勇. 教育对经济增长贡献的计量研究［D］. 桂林：广西师范大学，2004.

［124］张素蓉. 近20年中国教育经济学教材建设综述［J］. 湖南师范大学教育科学学报，2005（5）：38-41.

［125］赵庆典. 新中国高等学校办学类型的发展与转换机制研究［J］. 国家高级教育行政学院学报，2002（2）：59-63.

［126］赵镇，傅毓维. 基于互谱分析的科技教育投入对经济增长作用研究［J］. 学术交流，2008（11）：189-192.

［127］智艳芝. 关于我国高等教育的经济效益和个人收益率的研究［D］. 南昌：南昌大学，2007.

［128］中华人民共和国财政部. 中国财政年鉴［M］. 北京：中国财政杂志出版社，1952—2010.

［129］周荣，张云平. 关于高等教育产业化问题的一些思考［J］. 黑龙江高教研究，2000（2）：12-14.

［130］ASTERIOU D，AGIOMIRGIANAKIS G M. Human capital and economic growth：time series evidence from Greece［J］. Journal of policy modeling，2001（23）：481-489.

［131］BANKER R D，CHARNES A，Cooper W W. Some models for estimating technical and scale inefficiencies in data envelopment analysis［J］. Management science，1984（30）：1078-1092.

［132］BARON A，ARMSTRONG M. Human capital management：achieving added value through people［M］. London：Kogan Page Limited，2007.

［133］BARRO R. Dea software tools and technology：a state-of-the-art survey，in handbook on data envelopment analysis［M］. Boston：Kluwer Academic Publishers，2004.

［134］BARRO R. Human capital and growth［J］. American Economic Review，2001（91）：12-7.

[135] BATES J. Measuring Predetermined socioeconomic inputs when assessing the efficiency of educational outputs [J]. Applied Economics, 1997 (29): 85-93.

[136] BECKER G S. Human capital: a theoretical and empirical analysis with special reference to education [M]. Chicago: The University of Chicago Press, 1993.

[137] BEHRMAN J R, KHAN S, ROSS D, et al. School quality and cognitive achievement production: a case study for rural Pakistan [J]. Economics of Education Review, 1997, 16 (2): 127-142.

[138] BOWEN H R. Investment in learning [M]. San Francisco: Jossey-Bass, 1978.

[139] BOWEN H R. The costs of higher education: how much do colleges and universities spend per student and how much should they spend? [M]. New York: Natl Book Network, 1980.

[140] BROWN P H. Parental education and investment in children's human capital in rural China [M]. Chicago: The University of Chicago press, 2006: 759-790.

[141] BULLEN M L, EYLER K A. Human resource accounting and international developments: implications for measurement of human capital [J]. Journal of International Business and Cultural Studies, 2010 (6): 1-16.

[142] CASE A, DEATON A. School inputs and educational outcomes in South Africa [J]. Quarterly Journal of Economics, 1999, 114 (3): 1047-87.

[143] CHALOS P. An examination of budgetary inefficiency in education using data envelopment analysis[J]. Financial Accountability and Management, 1997(13): 55-69.

[144] CLOETE N, MOJA T. Transformation tensions in higher education: equity efficiency and development [J]. Social Research: an International Quarterly, 2005, 72 (3): 693-722.

[145] COLEMAN J S, et al. Equality of education opportunity [M]. GPO, Washington, DC. 1966.

[146] CORDERO-FERRERA J M, PEDRAJA-CHAPARRO F, SALINAS-JIMENEZ J. Measuring efficiency in education: an analysis of different approaches for incorporating non-discretionary inputs [J]. Applied Economics, 2008 (40): 1323-1339.

[147] COURTRIGHT S H, FRY C G. Public rates of return on higher educa-

tion investments, by state [J]. Journal of College Teaching & Learning, 2007, 4 (8): 13-29.

[148] DAN W B, NICK A. Political responsiveness and equity in public education finance [J]. The Journal of Politics, 2003, 65 (3): 718-738.

[149] DENISON E F, VAIZEY J E. Measuring the contribution of education to economic growth [J]. The Economics of Education, 1966 (15): 202-260.

[150] DOUGHERTY, CHRYS, DALE W. Jorgenson. International comparisons of the sources of economic growth [J]. American Economic Association Papers and Proceedings, 1996 (86): 5-29.

[151] FLANAGAN A E. An analysis of cost structure of public education in the commonwealth of Kentucky: a study of decentralized provision of education and efficiency of school districts [D]. Washington: The George Washington University, 2001.

[152] GREENWALD R, HEDGES L V, LAINE R D. The effect of school resourceson student achievement [J]. Review of Educational Research, 1996, 66 (3): 361-396.

[153] GREGORY A W, HANSEN B E. Residual - based tests for co - integration in models with regime shifts [J]. Journal of Econometrics, 1996 (70): 99-126.

[154] HALL R E, JONES C I. Why do some countries produce so much more output per worker than others? [J]. The Quarterly Journal of Economics, 1999(2): 83-116.

[155] HANUSHEK E. Assessing the effects of school resources on student performance: an update [J]. Educational Evaluation and Policy Analysis, 1997, 19(2): 141-164.

[156] JOHANSEN S, JUSELIUS K. Maximum likelihood estimation and inference on co-integration-with applications to the demand for money [J]. Oxford Bulletin of Economics and Statistics, 1990 (52): 169-210.

[157] KUMPIKAITE V. Human resource development in learning organization [J]. Journal of Business Economics and Management, 2008, 9 (1): 25-31.

[158] LIU L. Dea Approach for the current and the cross period efficiency for evaluating the vocational education [J]. International Journal of Information Technology & Decision Making, 2004, 3 (2): 353-374.

[159] MAHALINGAM S. On human capital [M]. Praxis: Business Line, 2001.

[160] MANKIW N G, ROMER D, WEIL D. A contribution to the empirics of economic growth [J]. Quarterly Journal of Economics, 1992 (80): 407-438.

[161] MIHALJEVIC M. Examining the efficiency of Croatian higher education: an application of student attainment modeling [J]. Eastern European Economics, 2008, 46 (1): 74-88.

[162] MINCER J A. Schooling, experience, and earnings [M]. New York: Columbia University Press, 1974.

[163] NARAYAN P K, SMYTH R. Temporal causality between human capital and real income in co-integrated VAR processes: empirical evidence from China 1960—1999 [J]. International Journal of Business and Economics, 2004 (3): 1-11.

[164] NUNAMAKER T R. Using data envelopment analysis to measure the efficiency of non-profit organizations: a critical evaluation [J]. Managerial and Decision Economics, 1985 (6): 50-58.

[165] PAUL G, JACOBY H. Student achievement and schooling choice in low income countries: evidence from Ghana [J]. Journal of Human Resources, 1994, 29 (3): 841-864.

[166] RAY S C. Resource use efficiency in public schools: a study of Connecticut data [J]. Management Science, 1991, 37 (1): 620-628.

[167] ROMER P M. Endogenous technological change [J]. Journal of Political Economy, 1990 (98): S71-S102.

[168] SAKALAS A, VASKELIENE L. Human capital measurement in a systematic organization's measurement framework [J]. Inzinerine Ekonomika-engineering Economics, 2002 (2): 51-56.

[169] SAXTON J. Investment in education: private and public returns [R]. Joint Economic Committee, 2000.

[170] SCHULTZ T W. Investment in human capital [J]. The American Economic Review, 1961, 51 (1): 1-17.

[171] SHI Q, WANG D. Credit: a new perspective for solving the contradiction between equity and efficiency in higher education [J]. Chinese Education and Society, 2004, 37 (1): 72-88.

[172] SIMS L C. Education for recreating civil society: working towards sus-

tainable development, political voice, and safety [M]. Ontario: Queen's University, 2002.

[173] SOLOW R M. Technical change and the aggregate production function [J]. Review of Economics and Statistics, 1957 (39): 312-320.

[174] STEVENS P, WEALE M. Education and economic growth [R]. London: National Institute of Economics and Social Research, 2003: 1-28.

[175] TROW M. Problems in the transition from elite to mass higher education [J]. The International Review of Education, 1973 (2): 55-101.

[176] POLACHEK S W, KNIESNER T J, HARWOOD H J. Educational production functions [J]. Journal of Educational and Behavioral Statistics, 1978, 3(3): 209-231.

[177] YOUNG A. Gold into base metals: productivity growth in the People's Republic of China during the reform period [R]. NBRE Working Paper, 2000 (7856): 38-39.

附录 A　物质资本存量的核算

根据永续盘存法（perpetual inventory method），同时考虑资本价格指数和资本折旧因素①，假设第 m 期资本折旧率为 δ_m，资本价格指数为 P_m，设基期末的资本存量为 K_0，I_j 为第 j 期新增加投资资本，则第 t 期、$t+1$ 期末($t=1$，2，…）资本存量（折算成基期价格指数）可表示为

$$K_t = \sum_{j=1}^{t} \frac{I_j \prod_{m=j}^{t} (1-\delta_m)}{\prod_{m=1}^{j} (P_m/100)} + k_0 \prod_{m=1}^{t} (1-\delta_m) \qquad \text{（附 A. 1）}$$

$$K_{t+1} = \frac{I_{t+1}(1-\delta_{t+1})}{\prod_{m=1}^{t+1} (P_m/100)} + K_t(1-\delta_{t+1}) \qquad \text{（附 A. 2）}$$

第 t+1 期末的资本存量（第 t 期价格水平）为

$$K_{t+1} = K_t(1-\delta_{t+1}) + I_{t+1}(1-\delta_{t+1})/(P_{t+1}/100) \qquad \text{（附 A. 3）}$$

第 t+1 期资本存量增长率为

$$\frac{\Delta K_{t+1}}{K_t} = \frac{I_{t+1}(1-\delta_{t+1})/(P_{t+1}/100)}{K_t} - \delta_{t+1} \qquad \text{（附 A. 4）}$$

现有研究者在计算经济增长效率时，对资本存量增长率采取替代变量。有的学者利用各期资本流量与产出（GDP）比值替代资本存量的增长率。这样的替代回避了估算基期资本存量的问题，同时也省略了对资本和产出之间价格指数的折算。但是，从理论上分析，这样存在较大的设定误差。对基期资本存量计算不准确会影响到后续研究的可靠性和准确性。

在实际中，为简化起见，对各期资本折旧率通常采用相等的值 δ，而资本价格指数则根据各期价格指数不同分别进行计算。基于这样的分析，式

① GOLDSMITH R. A perpetual inventory of national wealth [J]. NBER studies in income and wealth, 1951 (14): 5-61.

（附 A.4）变为

$$\frac{\Delta K_{t+1}}{K_t}=\frac{\dfrac{I_{t+1}(1-\delta)}{\prod_{m=1}^{t+1}(P_m/100)}-\delta\left[K_0(1-\delta)^t+\sum_{j=1}^{t}\dfrac{I_j(1-\delta)^{(t-j+1)}}{\prod_{m=1}^{j}(P_m/100)}\right]}{\sum_{j=1}^{t}\dfrac{I_j(1-\delta)^{(t-j+1)}}{\prod_{m=1}^{j}(P_m/100)}+K_0(1-\delta)^t}$$

（附 A.5）

通过上述分析，基期资本存量计算方法不同会影响到计算结果。采取替代方法从个别地区、个别产业的资本与产值比例来推算全国数据，鉴于各地要素组合状况和产业发展的差异，其计算结果误差应该更大。可以看到，无论核算资本存量还是资本增长率，都需要核算基期资本存量。

在 1990 年之前，我国公开出版的统计报告中没有资本投资数据，只有生产性积累数据，鉴于生产性积累与固定资产投资数据相近，同时，这两个数据之间的增长率波动情形极其相似（张军 等，2003）①，本书利用现有生产性积累数据及其平均增长率，结合投资价格指数、折旧率，利用倒推法估算出基期（1952 年）的资本存量。

假设 1990 年以前资本积累平均实际增长率为 γ［根据张军和章元（2003）的研究发现，1990 年以前我国资本积累与经济产值高度相关］，在实际核算时可以用经济增长率替代资本积累增长率；价格指数为 p，资本折旧系数为 δ，1952 年年末生产积累额为 I_{1952}，则从理论上推算，1952 年年末的资本存量 K_{1952}（以 1991 年的价格水平计）为

$$K_{1952}=\sum_{t=0}^{\infty}I_{1952-t}(1-\delta)^t(P/100)^t \qquad \text{（附 A.6）}$$

又因为：

$$\frac{I_{1952-(t-1)}}{I_{1952-t}(P/100)}=1+\gamma \qquad \text{（附 A.7）}$$

则有

$$I_{1952-t}=(1+\gamma)^{-t}I_{1952}/(P/100)^t \qquad \text{（附 A.8）}$$

所以：

$$K_{1952}=\sum_{t=0}^{\infty}I_{1952-t}(1-\delta)^t(P/100)^t=\sum_{t=0}^{\infty}I_{1952}\left(\frac{1-\delta}{1+\gamma}\right)^t \qquad \text{（附 A.9）}$$

---

① 张军，章元. 对中国资本存量 K 的再估计［J］. 经济研究，2003（7）：35-44.

因为 $0 < \frac{1-\delta}{1+\gamma} < 1$，可近似地计算出 $K_{1952} = \frac{I_{1952}}{1-\frac{1-\delta}{1+\gamma}} = I_{1952}\frac{1+\gamma}{\gamma+\delta}$。

则：

$$K_{1952} = \frac{I_{1952}(1+\gamma)}{\delta+\gamma} \qquad \text{（附 A.10）}$$

计算资本存量，资本折旧率 δ 取 6%，投资增长率 γ 取靠近基期的连续 5 年的平均增长率 0.2。基期资本存量计算就可以大大地简化，只需要基期的资本投资、平均折旧率和平均增长率即可计算基期的资本存量。以 1991 年价格为基准核算的物质资本存量如附表 A.1 和附表 A.2 所示。

附表 A.1　中国物质资本存量及劳均物质资本存量

年份	物质资本存量/亿元	劳均物质资本存量/元	年份	物质资本存量/亿元	劳均物质资本存量/元
1952	1 731.521	835.313 4	1981	29 089.41	6 586.531
1953	2 180.276	1 020.537	1982	30 982.83	6 783.472
1954	2 673.081	1 224.387	1983	33 200.76	7 108.304
1955	3 119.655	1 397.194	1984	36 105.34	7 454.698
1956	3 639.064	1 580.964	1985	39 954.55	7 973.051
1957	4 169.287	1 753.938	1986	43 966.92	8 529.647
1958	5 086.908	1 912.371	1987	47 997.41	9 045.875
1959	6 457.24	2 467.138	1988	52 175.57	9 550.718
1960	7 581.693	2 929.557	1989	55 787.23	10 014.4
1961	7 748.691	3 028.015	1990	59 531.09	9 113.343
1962	7 672.355	2 961.156	1991	63 827.23	9 657.476
1963	7 827.147	2 938.118	1992	69 285.16	10 374.83
1964	8 200.943	2 956.787	1993	77 594.05	11 500.87
1965	8 835.008	3 081.621	1994	85 844.72	12 599.21
1966	9 710.356	3 257.962	1995	94 530.21	13 728.88
1967	10 184.09	3 305.02	1996	103 230.5	14 796.89
1968	10 644.46	3 335.252	1997	111 549.6	15 755.6
1969	11 198.4	3 370.473	1998	120 113.1	16 662.24

附表A.1(续)

年份	物质资本存量/亿元	劳均物质资本存量/元	年份	物质资本存量/亿元	劳均物质资本存量/元
1970	12 354.8	3 588.173	1999	129 171.8	17 745.58
1971	13 625.7	3 825.294	2000	138 484.2	18 716.1
1972	14 747.92	4 113.326	2001	149 515	20 087.46
1973	16 076.2	4 386.172	2002	162 926.1	21 619.71
1974	17 388.69	4 653.24	2003	180 395.1	23 712.79
1975	18 919.13	4 956.803	2004	202 168.9	26 316.2
1976	20 175.63	5 195.353	2005	226 153.2	29 039.79
1977	21 547.89	5 472.203	2006	255 064.1	32 598.55
1978	23 473.4	5 769.971	2007	288 278.2	36 655.63
1979	25 454.87	6 120.136	2008	328 266.2	41 425.27
1980	27 338.52	6 372.171	2009	377 021.9	47 238.75

附表 A.2　国内生产总值及价格指数

年份	国内生产总值/亿元	价格指数(1991=1)	年份	国内生产总值/亿元	价格指数(1991=1)
1952	1 988.827	0.341 407	1981	10 175.6	0.480 715
1953	2 296.422	0.358 819	1982	10 856.69	0.490 329
1954	2 360.912	0.363 842	1983	11 922.07	0.500 135
1955	2 493.602	0.364 934	1984	14 033.3	0.513 639
1956	2 819.767	0.364 569	1985	15 686.55	0.574 762
1957	2 855.25	0.374 048	1986	16 707.73	0.614 996
1958	3 533.069	0.369 933	1987	18 021.73	0.669 115
1959	3 878.255	0.371 043	1988	18 626.07	0.807 622
1960	3 830.992	0.380 319	1989	18 091.09	0.939 264
1961	2 762.99	0.441 551	1990	19 619.88	0.951 475
1962	2 507.584	0.458 33	1991	21 781.5	1.0
1963	2 859.574	0.431 288	1992	24 791.41	1.086 0
1964	3 500.827	0.415 33	1993	28 023.98	1.260 8

附表A.2(续)

年份	国内生产总值/亿元	价格指数(1991=1)	年份	国内生产总值/亿元	价格指数(1991=1)
1965	4 182.076	0.410 346	1994	30 581.28	1.576 1
1966	4 607.541	0.405 422	1995	33 025.08	1.840 8
1967	4 401.849	0.402 99	1996	35 538.03	2.002 8
1968	4 271.519	0.403 393	1997	38 245.15	2.064 9
1969	4 756.439	0.407 427	1998	41 121.16	2.052 5
1970	5 529.093	0.407 427	1999	44 266.52	2.025 8
1971	5 961.389	0.407 019	2000	48 585.74	2.042 1
1972	6 174.336	0.407 833	2001	53 325.28	2.056 3
1973	6 664.933	0.408 241	2002	59 108.84	2.035 8
1974	6 786.446	0.411 099	2003	66 122.64	2.054 1
1975	7 261.9	0.412 743	2004	75 347.17	2.121 9
1976	7 110.705	0.413 981	2005	85 784.39	2.155 8
1977	7 531.066	0.425 159	2006	98 856	2.188 2
1978	8 464.852	0.428 135	2007	116 244.7	2.286 6
1979	9 256.202	0.436 27	2008	130 055.8	2.414 7
1980	9 633.044	0.468 99	2009	141 722.9	2.402 6

注：附表 A.2 中的国内生产总值是以 1991 年价格为基准进行折算后的数值。

附录B 高等教育投入分担的理论比率模型

在市场体制下，按照投资的成本与收入配比原则，投资的支付比例应该是收入的分配比例，即收入的分配比例应是投资比例的体现。

如果暂不考虑社会收益，仅从经济收益的角度，本着等量投资获取等量收益的投资—分配逻辑，那么政府与个体获得的收入比率为

$$\text{理论比率} \equiv \text{高等教育投入分担比率} = \frac{\text{高等教育边际产出政府所得分配额}}{\text{高等教育边际产出私人所得分配额}} = \frac{V_g}{V_p}$$

$$\begin{aligned} V_g : V_p &= \mathrm{SIBT}(t_i + t_\tau - t_i t_\tau)/\mathrm{SIBT}(1 - t_i - t_\tau + t_i t_\tau) \\ &= (t_i + t_\tau - t_i t_\tau)/(1 - t_i - t_\tau + t_i t_\tau), \end{aligned} \tag{附 B.1}$$

在式（附 B.1）中，V_g、V_p 分别为因个体接受高等教育而增加的政府、个体收入，t_i、t_τ 分别为所得税率和流转税率，为简化起见，记分担比率（ratio of sharing proportion，RSP）为 $\mathrm{RSP} \equiv V_g : V_p$，式（附 B.1）可转化为

$$\mathrm{RSP} = (t_i + t_\tau - t_i t_\tau)/(1 - t_i - t_\tau + t_i t_\tau) \tag{附 B.2}$$

根据式（附 B.2）可得：无论高等教育增加的收益多大（一般地，可假定该增加的收益为非负值），政府财政和受高等教育者家庭分担高等教育投入的比率只与收入所得税和商品销售流转税有关。下面，分析 t_i、t_τ 的变化对分担比例的影响。

$$\frac{\partial \mathrm{RSP}}{\partial t_i} = \frac{(1 - t_\tau)(1 - 2t_\tau)}{(1 - t_i - t_\tau + t_i t_\tau)^2} > 0 \text{（一般地，} 0 < t_\tau < 0.5\text{）；}$$

$$\frac{\partial \mathrm{RSP}}{\partial t_\tau} = \frac{1 - t_i}{(1 - t_i - t_\tau + t_i t_\tau)^2}\text{，当所得税率 } t_i < 0.5 \text{ 时，} \frac{\partial \mathrm{RSP}}{\partial t_\tau} > 0\text{。}$$

当然，在一般情况下，所得税率、商品流转税率是低于0.5的，在区间［0，0.5］内，所得税率、流转税率上升，政府从受高等教育劳动者增加的收入中获取的收入比例上升，因而，政府财政对高等教育投入的分担比例也应随之提高。

附录C　我国高等教育投入分担理论比率计算

在理论上，借助式（附B.2）计算高等教育投入的财政和非财政分担比率，需要获得收入所得税率 t_i 和流转税率 t_τ。但是，根据式（附B.2）的形成逻辑，收入所得税率 t_i 和流转税率 t_τ 应该是从受高等教育劳动者的总收入中部分所分担的所得税率和流转税率。其中流转税率在起始收入和增加收入部分基本是一致的，但对于收入高的个体而言，其消费了较多的高档商品和服务，这些消费品和服务的流转税率相对高些；至于所得税率，则是收入增加越多承担的税率越高。可见，要得到受高等教育劳动者增加收入部分所对应的流转税率和所得税率，现有数据资料是不充分的。这里，不妨退而求其次，以各种流转税总额与国内生产总值的比率作为流转税率，用这一数值替代流转税率，其误差要小得多。

关于劳动者因受高等教育而增加收入产生的所得税率，其计算涉及两个部分，一是企业所得税率，这部分税率现在为25%；另一部分为个人所得税率。将这两部分按照税收收入额进行加权求得平均所得税率。个人所得税率的计算思路为：设一个高中毕业劳动者的简化劳动力为2.75，而一个大学毕业劳动者的简化劳动力为3.625，则后者比前者增加0.318 2［(3.625-2.75)/2.75］倍简化劳动力。劳动力中高中及高中以上受教育程度的比例较小，为了方便分析，可设一个高中毕业劳动者收入超出所得税起始征收额的0.2倍，则大学毕业劳动者的收入超过所得税起始征收额的0.582（1.2×1.318 2-1）倍，根据历年所得税征收额、税率表计算得到历年的受高等教育劳动者增加收入的平均所得税率为10%。再按照企业所得税收入总额和个人所得税收入总额加权计算得到所得税率。具体结果如附表C.1所示。

附表 C. 1　按照税率计算得到的高等教育投入理论比率

年份	所得税率	流转税率	理论比率
1990	0. 33	0. 208 7	0. 886 3
1991	0. 33	0. 190 4	0. 843 6
1992	0. 33	0. 181 0	0. 822 5
1993	0. 33	0. 185 6	0. 832 8
1994	0. 33	0. 183 9	0. 828 9
1995	0. 33	0. 170 1	0. 798 4
1996	0. 33	0. 166 4	0. 790 6
1997	0. 33	0. 175 3	0. 809 7
1998	0. 33	0. 184 8	0. 830 8
1999	0. 199 4	0. 196 4	0. 554 3
2000	0. 190 4	0. 207 8	0. 559 0
2001	0. 208 8	0. 223 4	0. 627 5
2002	0. 207 7	0. 232 8	0. 645 1
2003	0. 201 0	0. 237 1	0. 640 5
2004	0. 204 2	0. 245 9	0. 666 4
2005	0. 207 8	0. 251 5	0. 686 3
2006	0. 211 2	0. 257 7	0. 707 9
2007	0. 210 1	0. 268 3	0. 730 1
2008	0. 212 5	0. 268 1	0. 735 0
2009	0. 211 7	0. 273 9	0. 747 2

注：1. 这里设接受了高中教育的劳动者的收入为所得税起始征收额的 1. 2 倍，则受高等教育的劳动者收入高出所得税起始额的 0. 582 倍，其中 0. 2 倍承担第一档税率 5%，另外的 0. 382 倍承担第二档所得税率 10%，因接受高等教育个人增加的收入为后面部分，所以因高等教育增加收入的所得税率为 10%。

2. 理论比率是根据式（附 B. 2）结合历年税率计算得到的比率。

其中，理论比率的计算方法为：所得税率根据企业所得税率和个人所得税率加权计算而得，按照我国所得税的改革趋势，企业所得税有可能上升；因此，根据历史上企业所得税额和个人所得税额的比例接近 3 : 1，当前企业所得税率为 25%，接受高等教育的劳动者相对于接受高中教育劳动者增加的收入的所得税率为 10%，故因为接受高等教育所增加的收入的所得税率为 21. 25%；

因接受高等教育而增加收入主要用于消费较高档消费品，其流转税率应高于销售额的平均流转税率，根据历史上流转税总额与国内生产总值比例数据，即平均比率，取其最高值为28%。

根据式（附B.2），可以计算得到未来我国高等教育投入分担的理论比率为

$$RSP = (t_i + t_\tau - t_i t_\tau)/(1 - t_i - t_\tau + t_i t_\tau) = 0.7637 \quad (附C.1)$$

则高等教育总投入中，政府财政投入占0.433，家庭投入占总投入的0.567。其中，家庭投入总量包含高等教育接受者的机会成本。在当前的税率基础上，本书对未来我国高等教育投入按照理论分担比例进行了划分，在现有税率下，我国高等教育投入在政府和家庭两大主体之间的理论比率应为0.433：0.567。

攻读博士期间的科研成果

1.《关于教育投资选择的收益模型分析》，第一作者，《教育学报》2011年第6期，CSSCI核心期刊。

2.《我国高等教育私人投入风险的分析》，第一作者，《现代教育管理》2011年第9期，CSSCI核心期刊。

3.《我国高等教育管理体制转型目标、阻力和对策研究》，第一作者，《黑龙江高教研究》2010年第9期，CSSCI核心期刊。

4.《中国私教育产生的原因和利弊分析》，独撰，《教育探索》2010年第1期，CSSCI核心期刊。

5.《教育对我国女性劳动参与率的影响》，第二作者，《教育发展与评估》(第三届湖北部属高校教育类研究生论坛专集)2011年第2期，CSSCI核心期刊。

6.《教育财政体制的演变及启示》，独撰，《煤炭高等教育》2011年第9期。

7.《为何我国中小学生课外辅导持续高温?》，独撰，《教育热点难点解读2009》，程斯辉主编，2010年第3期。

8.《产业结构演变与就业变化》，第二作者，《当代经济》，2011年第8期。

9.《母亲在家庭教育中“忙”“盲”“茫”现象分析及其对策》，独撰，《考试周刊》2011年第1期。

后记

本书是在笔者的博士论文的基础上修改而成的。本书能够出版要感谢黄冈师范学院给予的科研资助。

当初毅然放弃工作回校求学，是希望自己能在某一段时间里一心一意地做好一件事。可三年求学时光已经结束，自己的未知之处却越来越多，在不断修改论文的过程中，愈发被潜藏的问题牵绊，且这些问题修正着自己对社会、对他人、对自身深层次的认识，为自己做人处事增添了几分成熟。不能忘记来汉求学时，英语课上老师纠正我不标准的发音和我的“黄冈普通话”……这些使得我这个从大别山里走出的学生满怀斗志。我认真而又努力地跋山涉水，幸福过，抓狂过，给有限的生命增添了无限的色彩。撩拨一下头上冒出的白发，感叹韶光易逝！在此，深深地感恩各位老师的教导、同学的帮助、家人的支持。

感谢我的导师——武汉大学教育科学研究院肖昊教授。我的数篇论文都是在肖老师的精心指导下才得以发表的。对于我这个“愚笨”的学生，导师在给予批评的同时，更多的是给予耐心细致的指导。毕业论文从开题到结稿，肖老师付出了很多心血，某些火花式的点拨激起论文的闪光点，指引论文的发展方向。在老师家吃饭时，师母总是不停地给我夹菜。每每想到这些，我的内心充满了感激。

感谢程斯辉教授！程老师幽默的教学方式令人轻松并沉浸其中。在探讨某些问题时，程老师总能从不同的视角给予我们多方位的启迪，并在其中给我们讲解一些做人的道理，真可谓：“师者，所以传道授业解惑也。”

感谢黄明东教授！黄老师跳出教育看教育的追问求学方法让我记忆深刻。这是一个系统的研究方法，也可应用于生活的方方面面。黄老师严厉与亲切并存，师道与友爱同在，学者儒雅风度令人钦佩。

感谢邱均平教授！邱老师在教育评价领域的威望令学生们自豪。邱老师精准、严格、科学、开放的研究作风影响着学生们的科研态度，其指标加权简化方法对我写作本书深有启发。

感谢冯惠敏老师、蒲蕊老师、李保强老师、高新发老师、程闻晋老师、王碧云老师、殷朝辉老师、罗儒国老师在论文写作期间给予的指导和帮助。

感谢祝梅老师、吴北阳老师、夏克辉老师、徐永芳老师在我的求学生涯中给予的帮助和关心。感谢资料室孙小娟老师给予通信联系及资料查阅的方便。

感谢师兄游长松、田恒平的指导，感谢方妍在枯燥日子里偶尔发来的“会心一笑”，感谢同窗好友王姗姗、蒋立杰、王传毅、杨红荃、汪睿、罗义成、柳咏心、肖全民等同学的鼓励和帮助。我与你们一起度过了许多快乐的时光，留下了许多难忘的美丽记忆。

感谢我许许多多的学生，在我学业松懈时促我奋进，在我精神疲惫时给我打气，在我困难无助时逗我开心，亦师亦友的感情彰显着人性的真善美，疏通了我郁闷的情绪，使我能谱写追求进步的篇章。

感谢我的爱人，他是我坚实的后盾，给了我精神和经济的双重保障。感谢我的儿子，他努力学习对我也是一种鞭策。在这个学习型的家庭里，我们团结一致，各自追求自己的梦想，在共同的奋斗中，肩并肩、手牵手分享彼此的苦闷与快乐。亲人的关心和战友般的豪情鼓舞着我奋发向上，谢谢你们，因为你们使我每时每刻体验生命的愉悦。

在此，还要特别感谢华中科技大学管理学院的郑长军教授，中南财经政法大学工商管理学院的韩翼教授，在本书的写作中给予我许多的专业指导。

以后的旅程也许更艰辛，但我相信，“天道酬勤，人道酬勤”，以此自勉。

衷心感谢西南财经大学出版社的各位编辑，他们的辛勤工作确保了本书的顺利出版。

陈叶玲

2022 年 3 月